W9-CSB-257

Hacia otro nivel de cuidado

GUÍA PARA
LA CRIANZA CON RESPETO

Janet Lansbury

Traducción al español por
Alejandra Hayes

Janet Lansbury

Hacia otro nivel de cuidado:
Guía para la crianza con respeto
Copyright © 2015 por Janet Lansbury

ISBN: 978-1508650768

Publicado por JLML Press, 2015

Reservados todos los derechos. Ninguna parte de esta publicación puede ser reproducida, distribuida o transmitida de manera alguna ni por ningún medio, incluidas las fotocopias, grabaciones u otros métodos electrónicos o mecánicos, sin permiso previo por escrito del editor, excepto en casos de breves citas contenidas en reseñas críticas y en ciertos usos no comerciales permitidos por las leyes de derecho de autor.

Los pedidos de autorización deben enviarse por correo electrónico al editor con el asunto: "Elevating Child Care Permissions" a MBLansbury@gmail.com

Todos los datos de identificación, incluidos los nombres, han sido cambiados, excepto aquellos que pertenecen a los miembros de la familia de la autora.
El material contenido en este libro está disponible en el sitio web de la autora. Este libro no pretende sustituir los consejos de un profesional autorizado.

~

Fotografía y diseño de portada: Sara Prince
www.bonzochoochmushyandme.com

Para más información sobre la autora,
dirigirse a su sitio web: www.JanetLansbury.com.

ÍNDICE

Introducción

Hagamos de la crianza de nuestros hijos una pasión

La crianza es una de las experiencias más gratificantes de la vida. Sin embargo, también puede ser agotadora, frustrante y totalmente desconcertante.

Las dificultades con las que me encontré como madre primeriza me tomaron desprevenida; toda mi vida había esperado con ansias la maternidad, y supuse que sabría naturalmente cómo cuidar a un bebé. Enseguida me di cuenta de que no tenía ni idea.

Mi bebé era encantadora; no obstante, nunca en mi vida me había sentido tan cansada, perdida, inepta y decepcionada conmigo misma. El instinto maternal, que yo había presupuesto me guiaría y daría claridad, nunca se materializó. Mi vida se había vuelto una sucesión monótona compuesta de amamantar, hacer eructar, cambiar pañales, entretener y calmar llantos (muchísimos llantos, la mayoría de mi hija). Si bien revisé desesperada pilas de los libros sobre crianza más vendidos, no encontré nada que resonara en mí.

Ya en estado de desesperación, y por una de esas cosas del destino, descubrí RIE (Recursos para Educuidadores Infantiles), también llamado Educaring, el enfoque de crianza respetuoso fundado por la especialista infantil y pionera en el cuidado de niños Magda Gerber. Inmediatamente me pareció lógico, y lo adopté como quien se aferra a un chaleco salvavidas cuando se está ahogando.

En poco tiempo había notado una transformación radical, desde el punto de vista tanto de la percepción como de la experiencia: en primer lugar, al descubrir la asombrosa capacidad natural de mi bebé para aprender *sin* que le enseñaran, para desarrollar capacidades motoras y cognitivas, comunicarse, enfrentar dificultades de acuerdo a su edad, iniciar y dirigir el juego independiente durante períodos largos, y mucho más; en segundo lugar, al darme cuenta de la tremenda cantidad de energía que había estado desperdiciando, así como del estrés innecesario al tratar de entretener a mi niña y adivinar sus deseos.

Con el transcurso de los años, Magda pasó a ser una amiga muy querida además de mi mentora, y su filosofía sobre el cuidado de niños se volvió mi pasión. Empecé a dar clases de crianza con el método RIE, a asistir como oradora a conferencias sobre la niñez temprana, a escribir un blog que atrae a millones de lectores de todo el mundo, a trabajar como consultora privada en crianza, y también a publicar mi propio trabajo.

El presente libro es una colección de treinta artículos que tienen gran aceptación y son muy leídos en mi sitio web. Se centran en algunos de los aspectos más comunes del cuidado de los bebés y los niños pequeños*, y en cómo puede aplicarse la crianza con respeto.

---

*En este libro, el término "niño pequeño" —o simplemente "pequeño"— se refiere a los niños de alrededor de 12 meses a 3 años. (N. del T.).

En casi todas las páginas de este libro encontrará el nombre de Magda o alguna cita de ella. Todo lo que sé y sobre lo que escribo surge de su sabiduría y mi propia experiencia, tanto con los cientos de bebés y niños pequeños que pasan por mis clases como con mis propios hijos (que ahora tienen 21, 17 y 12 años).

La crianza RIE puede resumirse como la *percatación* de la perspectiva del bebé. Percibimos y aceptamos a nuestro bebé como una persona única e independiente. Luego mejoramos nuestro conocimiento observándolo, brindándole el espacio que le hace falta para mostrarnos quién es y qué necesita.

La crianza RIE también nos hace más conscientes de nosotros mismos. Mediante observaciones sensibles aprendemos a no precipitarnos a deducir, por ejemplo, que el bebé está aburrido, cansado, con frío, con hambre o que quiere sostener el juguete que nos parece que vio al otro lado de la sala.

Aprendemos a no suponer que los gruñidos y las quejas significan que el bebé necesita que lo sienten, lo levanten, lo hamaquen o lo meneen para hacerlo dormir. Reconocemos que, al igual que nosotros, el bebé a veces tiene sentimientos que quiere compartir y los procesará de su propia manera con nuestro apoyo.

Aprendemos a diferenciar las señales de nuestros hijos de nuestras propias proyecciones. Nos volvemos más conscientes de los hábitos que creamos (como, por ejemplo, poner al bebé en posición de sentado o mecerlo hasta que se duerma), los cuales pueden transformarse en una necesidad para nuestro hijo. Sin embargo, estas son necesidades creadas de manera artificial más que necesidades orgánicas.

Hacia otro nivel de cuidado

En resumen, la crianza RIE requiere que utilicemos la mente además del instinto, que miremos detenidamente y escuchemos con mucha atención antes de responder.

La observación sensible nos prueba que los bebés son individuos competentes con necesidades, pensamientos y deseos propios. Una vez que descubrimos esta verdad, no hay vuelta atrás. Entonces, al igual que Alison Gopnik, una de varios psicólogos a la vanguardia de una apasionante ola de investigación sobre el cerebro del bebé, quizá nos preguntemos: "*¿Por qué estuvimos tan equivocados acerca de los bebés durante tanto tiempo?*".

Los observadores expertos como Magda Gerber *no* se equivocaron. Hace más de sesenta años, ella y su mentora, la pediatra Emmi Pikler, sabían lo que la investigación de Gopkin finalmente ahora está probando: los bebés nacen con capacidades de aprendizaje admirables, dones únicos, emociones y pensamientos profundos. Pikler y Gerber descartaron la noción de que los bebés son "masas amorfas encantadoras" y los vieron como personas completas que merecen nuestro respeto.

Quizá la mejor manera de describir el enfoque RIE de Magda sea poner en acción el respeto hacia los bebés de la siguiente manera:

1. Nos comunicamos de manera auténtica. Hablamos con voz auténtica (aunque un poco más despacio con los bebés y los niños pequeños), utilizamos palabras reales y hablamos de cosas reales, en especial cosas que atañen directamente a nuestro bebé y cosas que están sucediendo *ahora*.

2. Estimulamos el desarrollo de las habilidades comunicativas del bebé haciéndole preguntas, dándole suficiente tiempo para responder y siempre reconociendo sus comunicaciones.

3. Invitamos al bebé a que sea un participante activo en las actividades de cuidado tales como los rituales del cambio de pañal, el baño, las comidas y la hora de acostarse, y le dedicamos toda nuestra atención durante estas actividades. Dicha inclusión y atención concentrada estimula la relación entre padres e hijos, lo cual da a los niños el sentido de seguridad que necesitan para poder separarse y jugar por iniciativa propia.

4. Fomentamos el juego ininterrumpido y por iniciativa propia mediante oportunidades de juego libre aun para los bebés más pequeños, la observación con sensibilidad para no interrumpir innecesariamente, y la confianza en que las elecciones de juego de nuestro hijo son *suficientes*. Es más, son perfectas.

5. Dejamos que el niño desarrolle las habilidades motoras y cognitivas de manera natural según una programación innata, ofreciéndole oportunidades de juego y movimiento libres en un medio enriquecedor, en lugar de enseñar, restringir o interferir de algún otro modo con estos procesos orgánicos. Nuestro papel principal en el desarrollo es la *confianza*.

6. Valoramos la motivación intrínseca y la introspección; por ende, valoramos el esfuerzo y tenemos cuidado de no elogiar demasiado. Confiamos en que nuestro hijo se conoce a sí mismo mejor de lo que lo conocemos nosotros. Así, dejamos que él conduzca su propio juego y elija actividades enriquecedoras, en lugar de proyectar nuestros propios intereses.

7. Animamos al niño a expresar sus emociones mediante la aceptación y el reconocimiento de las mismas.

8. Reconocemos que el niño necesita líderes empáticos y seguros de sí mismos, como también límites claros; pero no que se lo avergüence, distraiga, castigue o se le dé tiempo fuera.

9. Permitimos que nuestro hijo resuelva problemas, experimente y aprenda, con nuestro apoyo, a partir de conflictos adecuados para la edad.

10. Comprendemos el poder de nuestro papel de modelos y reconocemos que a través de cada palabra y acción nuestro hijo aprende de nosotros sobre el amor, las relaciones, la empatía, la generosidad, la gratitud, la paciencia, la tolerancia, la bondad, la honestidad y el respeto. Pero a un nivel más profundo, está aprendiendo acerca de sí mismo, sus capacidades, su valor como persona y su lugar tanto en nuestro corazón como en el mundo.

Lo que más agradezco a Magda Gerber y a RIE es la relación de profunda confianza y respeto mutuo que tengo con mis propios hijos. El respeto y la confianza son como un bumerán: siempre vuelven. Y tal cual Magda me prometió, he criado no solo hijos que amo, sino gente "en cuya compañía me encanta estar".

Magda falleció en 2007, ya con bastante más de 90 años. Pienso en ella todos los días, y sigue inspirando tanto mi vida como mi trabajo. La echo de menos.

1.

Lo que su bebé no puede decirle (al principio)

Hace muchos años tuve un despertar importante. De repente me di cuenta de que mi bebé de tres meses era, de hecho, una persona. La había llevado a una clase de RIE, donde me pidieron que la acostara boca arriba en una mantita junto a mí. Estuvo ahí acostada durante dos horas: tranquila, atenta, ocupada y autosuficiente. No hacía nada de ruido, y sin embargo yo sentía el poder de su presencia, una confianza en sí misma que a los 21 años aún me deja pasmada.

Lo que observé por primera vez en esa clase de crianza no fue solo mi bebé; fue una persona completa con mente propia, una mente que quise conocer íntimamente y necesidades humanas como las de cualquier otro. Tal vez otros padres noten esto de inmediato, pero no había sido mi caso.

Sin ese momento de claridad, no sé cuándo la hubiese visto como una persona, y no solo como una bebé necesitada; es posible que no antes de que empezara a caminar, a decir palabras reconocibles o al menos a comunicarse conmigo a través de señas o gestos. En mi mente, sabía que entendía todo, pero no hasta el punto de ponerme en su lugar (o su mantita) y tratarla de la misma manera que me gustaría ser tratada.

Una de las lecciones más profundas que he aprendido desde que soy mamá, y que me ha sido reafirmada después de observar la interacción de cientos de padres con sus bebés, es que existe un efecto de profecía autocumplida en la manera en que vemos a nuestro bebé: si creemos que es una criatura incapaz, dependiente, necesitada (aunque amorosa), su comportamiento confirmará estas creencias.

Por el contrario, si vemos al bebé como una persona capaz, inteligente, receptiva, lista para participar de la vida, iniciar actividades, y recibir y devolver nuestro esfuerzo para comunicarnos con ella, descubrimos que es todas esas cosas.

Con esto no sugiero que tratemos al bebé como a un pequeño adulto, ya que necesita la vida de bebé. No obstante, se merece el mismo nivel de respeto humano que los adultos. He aquí algunos ejemplos de cuidado del bebé que reflejan la manera en que me gusta ser tratada:

Dime qué está sucediendo. Si yo tuviese una apoplejía que me dejara tan dependiente como un bebé, en el sentido de que no pudiese expresarme o cuidarme sola, esperaría que me avisaran antes de tocarme, levantarme, alimentarme, enjabonarme, enjuagarme, vestirme, ponerme una inyección, etc. Querría saber todo lo que sucede en mi mundo inmediato, especialmente si se relaciona directamente con mi cuerpo. Querría que me invitaran a participar de acuerdo a mis capacidades (por ejemplo, que me dieran la oportunidad de sostener la cuchara por mí misma).

Al principio es raro hablar con alguien que no

contesta, pero enseguida nos acostumbramos. Los bebés comienzan a entender nuestra intención respetuosa de incluirlos mucho antes de lo que creemos; y se comunican antes si les abrimos la puerta.

Préstame atención. El bebé necesita la atención total de sus seres queridos, al igual que usted o yo, en especial cuando existe una unión física (como al amamantar). Varios minutos de verdadera atención todos los días, a intervalos, dan más satisfacción que horas y horas de contacto físico vacío. Estar sentada en el coche al lado de mi marido mientras habla por teléfono durante mucho rato me hace sentir invisible; sin duda, no importante, amada o valorada.

Cuando alguien me toca, en especial cuando se trata de algo íntimo (como en una cita con el médico, un baño o un cambio de pañal), quiero que se me incluya en lo que está pasando, que me animen a prestar atención, no que me pidan que mire para otro lado y deje de prestar atención a lo que está sucediendo.

Óyeme en lugar de solo apaciguarme. Esto es algo que enseñan los terapeutas de relaciones de pareja y también es pertinente para los bebés. Quiero que alguien preste atención a mis sentimientos, no solo que los apacigüe. Por favor no me digas "shh" ni calmes todos mis llantos metiéndome algo en la boca solo para detener las lágrimas. Quiero poder decirte lo que necesito antes de que tú lo supongas. A veces solo quiero llorar en tus brazos y que eso esté bien para ti. Tranquilízate; el tenerte aquí, escuchando con calma y tratando de comprender, es consolador.

Déjame crear e iniciar mis propias actividades. De vez en cuando me gusta ir de aventura con la gente que amo, pero también me muero de ganas de iniciar actividades que yo elijo. Dame un lugar tranquilo y seguro, donde no me encuentre acorralado, así puedo mover el cuerpo, pensar y soñar despierto sin interrupciones. Necesito tiempo para descubrir cómo funcionan mis manos, que son sorprendentes, y por qué existen cosas como la brisa, que siento pero no veo.

Lo que estoy haciendo podrá no parecer demasiado a simple vista; sin embargo, estoy muy ocupado. (Y cuando estoy sumamente concentrado en algo, por favor no me interrumpas para cambiarme el pañal).

Me encanta saber que estás cerca por las dudas de que te necesite, o lo bastante cerca como para oír mis gritos, pero por favor no me habitúes a que te siga todo el tiempo cuando hay tanto para descubrir por mí mismo.

Fíjate en las cosas que me gusta hacer. Déjame mostrarte la persona interesante que soy.

Confía en mí y dime la verdad. No tienes que sonreírme cuando estás disgustada. Sé sincera conmigo. Sé tú misma, así yo también puedo ser yo mismo. Tenemos tanto para aprender el uno del otro; no siempre será perfecto el estar juntos, pero sí real. Además, cuando te preocupes y empieces a pensar en el futuro, de un tironcito te traeré de vuelta al momento. Lo prometo.

Janet Lansbury

2.

La conexión con los hijos

Tengo un gran interés en todos los aspectos del cuidado de los niños, pero los consejos que comparto se centran en un objetivo: entablar relaciones saludables con nuestros hijos.

Es mucho lo que depende de esto. La calidad de nuestra conexión hará que el enseñar a nuestros hijos a comportarse de manera adecuada sea simple y eficaz, o que sea confuso, desalentador e ineficaz. Decidirá si se sienten seguros y mantienen un firme sentido de ellos mismos, así como la confianza que los ayudará a realizar su potencial. Quizá por sobre todas las cosas, nuestra relación estará por siempre grabada en la psique de nuestro hijo como su modelo de amor, como el ideal que buscará en los futuros lazos íntimos.

En particular durante los primeros años tan influenciables, toda interacción que tenemos con nuestros hijos es una oportunidad para profundizar nuestra conexión... o no. A veces, el perder un momento de conexión no representa más que haber perdido una oportunidad menor. Sin embargo, en otros casos, las conexiones perdidas crean distancia, disminuyen la confianza y son incluso invalidantes para nuestros hijos.

A menudo, la conexión significa ignorar nuestros instintos e impulsos emocionales, y pensar antes de actuar. Veamos algunos ejemplos comunes:

No queremos oír lloros. Oír y aceptar las emociones de nuestros hijos puede ser un desafío intenso; sin embargo, es esencial para criar niños saludables que se sientan conectados con nosotros.

Nos desconectamos cuando descartamos sus sentimientos ("Ay, no te asustes, es un cachorrito nada más"), los invalidamos ("No te puede haber dolido" o "No son lágrimas de verdad"), apuramos los sentimientos ("Bueno, ya está, basta") o malinterpretamos los llantos de nuestro bebé o pequeño y tratamos de calmarlo antes de escuchar y entender.

Como los sentimientos son involuntarios (e incluso si parecen forzados, ¿quiénes somos nosotros para decidirlo?), estas respuestas desconectadas también enseñan a los niños que ellos no son completamente aceptables para sus seres amados, que no pueden confiar en sí mismos o en sus sentimientos.

El secreto de la conexión es respetar el espacio en el que el niño se encuentra, escuchar con paciencia y aceptar. Nunca podemos equivocarnos o actuar de manera exagerada si reconocemos sus sentimientos: "Estás tan molesto porque debemos irnos. ¡Uy, te molesta terriblemente! Dije que era hora de irnos cuando tú te morías de ganas de quedarte un rato más. ¡Te estabas divirtiendo tanto!".

No queremos ser el malo de la película. La distracción es el polo opuesto de la conexión; sin embargo, a menudo oigo que se recomienda como una herramienta aceptable de "redirección" para los bebés y niños pequeños.

La distracción no enseña un comportamiento adecuado. Lo que enseña a los niños es que no ameritan una conexión honesta en sus primeros años, los más formativos. Por ende, estas distracciones, junto con otros métodos manipulativos y de control, como el soborno, el engaño o (el más desconectante de todos) el castigo, amenazan la relación de confianza necesaria para crear lazos estrechos entre padres e hijos.

Los niños necesitan respuestas que sean simples, verdaderas y empáticas, pero directas, en especial cuando están poniendo a prueba la paciencia y aprendiendo dónde están los límites. Al padre que enfrenta las situaciones con honestidad, reconociendo el punto de vista del niño y su posible (más bien probable) descontento, quizá le preocupe ser el malo de la película; sin embargo, este será el personaje genuino y "confiable", la persona valiente a quien el niño se sienta más cercano y con quien se sienta más seguro.

Nos involucramos en el juego de nuestro hijo o en lo que él aprende.

"¿No sería más fácil la vida para ambos, los padres y el bebé, si aquellos observaran, se tranquilizaran y disfrutaran de lo que hace su hijo, en lugar de constantemente enseñarle cosas de las que el niño aún no es capaz?"

– Magda Gerber

La confianza en nuestro hijo, la valoración de lo que está haciendo *en este momento*, creará un vínculo más íntimo y transmitirá mensajes positivos de aceptación y valoración al hijo.

Una vez más, la clave es respetar el espacio en el que el niño se encuentra. La manera en la que los niños eligen jugar y aprender es por lo general más que suficiente: es la actividad perfecta para ellos en ese momento.

La fiesta de cumpleaños de mi hijo hace varios años fue otro fantástico recordatorio del poder de descartar los planes y valorar lo que *es*. Nos habíamos pasado la tarde decorando la casa con telarañas, fantasmas y otras cosas de miedo, a pedido de nuestro hijo. Un amigo querido, el padrino adorado de nuestro hijo, se había ocupado de las tareas de *disc jockey*.

Estábamos todos listos para la fiesta, pero nuestro hijo y sus invitados tenían otros planes: se llevaron afuera las barritas luminosas que teníamos para dar como recuerdos de la fiesta y se pasaron todo el atardecer tirándoselas unos a otros eufóricamente bajo la luz de la luna, un juego que inventaron y llamaron "guerras de arco iris".

Tal vez para otra familia esto hubiese sido motivo de decepción, pero nosotros nos divertimos y nos puso contentísimos ver qué bien la estaban pasando los niños. Desde entonces hemos celebrado este éxito juntos.

No tenemos paciencia con el comportamiento exagerado, demasiado dramático o irracional. Los comportamientos, las emociones y las reacciones de los niños pequeños pueden parecer exagerados. Los podemos ver como avaros, egocéntricos, hipersensibles, llorones, fanfarrones... la lista continúa. Es como si subconscientemente estuviesen ensayando comportamientos irritantes solo para ver nuestra reacción. ¿Los vamos a aceptar, comprender y estar de su lado? Necesitan que lo hagamos.

Admiro mucho a una de las madres con las que trabajo por darse cuenta de que necesita ayuda en este aspecto. Tiene una tendencia (heredada de sus propios padres) a descartar el punto de vista de su hija, algo que "ve venir" casi contra su propia voluntad. Por ejemplo, si su hija se queja de que otro niño se topó con ella y la mamá nota que no es nada grave, dirá como por reflejo: "Ah, fue sin querer, no pasó nada".

La estoy alentando a que trate de anticiparse a su reacción y respete el espacio en el que se encuentra su niña mediante el reconocimiento de su perspectiva: "Uy, ¿te dolió? Lo siento. ¿Tú y Pedro se chocaron? ¡Ay!". Este tipo de ajustes sutiles constituyen la diferencia entre la conexión y la invalidación.

Queremos sacarnos de encima las tareas de cuidado. Cambiar los pañales, dar de comer, bañar y acostar a los niños son oportunidades para tranquilizarnos y conectarnos. Lo lograremos si prestamos atención e invitamos a los niños a participar, aun cuando las cosas no van bien... o especialmente cuando no van bien. Estas actividades son ideales para el tipo de intimidad que no solo hace nuestra conexión más profunda sino que también reaviva el cuerpo y el alma de nuestro hijo.

Con frecuencia me preguntan: "¿Cómo puedo prestar atención cuando el bebé necesita amamantar constantemente todos los días?". O: "Pero mi bebé odia que le cambien el pañal. Tengo que distraerlo y cambiarlo lo más rápido posible". Lo irónico es que estos son resultados comunes de la desconexión. Los bebés no necesitan amamantar tanto y aprecian más que les cambiemos los pañales cuando interactuamos con ellos mientras lo hacemos.

"Siempre que haga las tareas de cuidado, ponga absolutamente toda su atención. Si presta atención a medias todo el tiempo, significa que jamás presta atención completa. Entonces, el bebé se encuentra siempre medio hambriento de atención".

– Magda Gerber

Dudamos de expresar amor, apreciación, gratitud o disculpas porque nos parece que nuestro hijo no está escuchando. Sean bebés, niños pequeños, adolescentes o algo intermedio, cuando hablamos de los sentimientos que nos conectan, ellos están escuchando.

Hace poco finalizó uno de mis cursos de orientación RIE para padres e hijos, y me despedí de las familias con las que me había sentado en el piso todas las semanas durante casi dos años. Comencé a compartir con la pequeña Malena, de dos años y de carácter fuerte, dulce y a veces pendenciero, cuánto había disfrutado observarla jugar y crecer; se alejó. Yo continué. En cuanto terminé volvió y me sorprendió con un abrazo y un beso de lo más tiernos.

3.

La llave que abre el corazón de su hijo

Escríbase esta palabra en la mano: **Reconocer.**

Esta es una manera mágica de conectarse con un niño de cualquier edad. Reconozca los deseos y sentimientos de su hijo, aun si parecen ridículos, irracionales, egoístas o inadecuados. Esta actitud puede aliviar el llanto y los berrinches, e incluso prevenirlos. Es algo simple, pero supone un reto no imaginado, en especial en un momento de enojo.

Reconocer no significa tolerar o estar de acuerdo con las acciones de nuestro hijo; significa validar los sentimientos que están detrás de ellas. Es una manera simple y profunda de reflejar la experiencia y el ser interior de nuestro hijo; demuestra nuestra comprensión y aceptación. Envía un mensaje de afirmación poderoso: todo pensamiento, deseo, sentimiento —toda expresión de la mente, del cuerpo o del corazón— es perfectamente aceptable, adecuado y adorable.

Reconocer es simple, pero no fácil. Para la mayoría de nosotros no es algo intuitivo, aun cuando lo hemos hecho miles de veces.

¿Pero el reconocer los deseos de nuestro hijo no empeorará las cosas? Decir "Sé que tienes muchas ganas de tomar un helado de cucurucho como el de tu amiga, parece riquísimo, pero nosotros vamos a comer el postre más tarde", ¿no hará que nuestra pequeña se aferre a la idea por más tiempo y llore más fuerte? ¿No sería mejor descartar o restar importancia a los sentimientos del niño? ¿Por ejemplo, distraer, redirigir o decir "Ay, tesorito, ahora no"?

Nuestros miedos a un reconocimiento sincero de la situación son casi siempre infundados. El sentirse escuchado y comprendido permite al niño liberar los sentimientos, desprenderse de ellos y pasar a otra cosa.

Más razones por las cuales el reconocer la verdad de nuestro hijo hace que valga la pena el esfuerzo consciente que conlleva:

Reconocer puede hacer cesar las lágrimas y los berrinches. He presenciado esto muchísimas veces. Ya sea que el niño esté amargado por una lesión, molesto por un desacuerdo con otro niño o enojado por un conflicto con uno de sus padres, el hecho de reconocer lo que le ha sucedido y que él está lastimado, que se siente frustrado o enojado puede aliviar ese dolor milagrosamente. Sentirse comprendido es algo poderoso.

Reconocer en lugar de juzgar o "solucionar" promueve la confianza y anima a los niños a seguir compartiendo sus sentimientos. Los padres y cuidadores tienen una influencia enorme y sus respuestas causan un impacto en los niños pequeños. Si, por ejemplo, tratamos de tranquilizar a los niños asegurándoles que no hay necesidad de enojarse o preocuparse por algo que les está causando molestia, es posible que pierdan las ganas de expresar sus sentimientos. Si nuestra meta es la salud emocional de nuestro hijo y mantener los canales de comunicación abiertos, el reconocimiento es el mejor principio: "Papá se fue y estás triste".

Hace poco me acordé de esto cuando una de mis hijas adolescentes compartió conmigo el enojo y el sufrimiento causados por la traición de una de sus mejores amigas de mucho tiempo. ¡Qué difícil fue no decirle que la amiga estaba llena de defectos y que ella se merecía amigas mucho mejores! Qué difícil fue solo escuchar y aceptar el dolor y la decepción.

Sin embargo, a pesar de lo dolorosa que me resultó la experiencia, tiene un gran valor para mí, ya que mi hija me confió sus sentimientos más profundos. Haré todo lo posible por animarla a que siga compartiendo conmigo. (Mi hija acabó por retomar la relación con su vieja y adorada amiga, después de darse cuenta de sus limitaciones, y yo me alegré tanto de haberme mordido la lengua).

El reconocimiento contribuye a la inteligencia emocional de un niño y fomenta el desarrollo del lenguaje. Los niños adquieren claridad sobre sus sentimientos y deseos cuando los reflejamos verbalmente. *Pero no exprese el sentimiento si no tiene certeza.* Es más seguro utilizar las palabras "molesto" o "preocupado" en lugar de ir directo a "asustado", "enojado", etc.

Si duda, puede preguntar algo así como "¿Te dio rabia cuando Pepe no te dejó usar sus cubos?", o "¿El ladrido del perro te asustó o solo te sorprendió?".

Hablar con los bebés y niños de todas las edades sobre este tipo de cosas reales que les suceden es la manera más poderosa, significativa y natural de que aprenden el lenguaje.

El reconocimiento ilumina; nos ayuda a comprender y empatizar. Para poder expresar el punto de vista de nuestro hijo, primero tenemos que verlo; por eso, el reconocimiento nos ayuda a ver con claridad. Cuando decimos "Quieres que siga jugando contigo a este juego tan divertido, pero estoy demasiado cansada", estamos empatizando con el punto de vista de nuestro hijo (y él con el nuestro).

Reconocer la situación y hacer preguntas (en particular cuando no sabemos por qué nuestro hijo está molesto) puede ayudar a aclarar el misterio. "Estás molesta y pareces incómoda. Sin embargo, acabas de comer y el pañal está seco. ¿Tienes que eructar? Bueno, te voy a levantar".

Es probable que el reconocimiento de los esfuerzos sea todo el aliento que su hijo necesite para poder seguir adelante. Esta es otra situación en la que un simple reconocimiento puede hacer magia. En lugar de decir "Tú puedes (hacerlo)", lo cual podría crear presión y hacer que el niño piense que nos desilusiona, diga "Pones mucho esfuerzo y estás progresando. Es tan difícil. Debe ser frustrante, ¿no?".

El reconocimiento en lugar del elogio ayuda a que los niños mantengan una conciencia moral autónoma. Esto es tan simple como contener el impulso de aclamar con entusiasmo o decir "¡Muy bien!", y en lugar de eso reflexionar con una sonrisa: "Separaste las cuentas de plástico. Qué difícil".

Janet Lansbury

"Deje que la alegría interior de su hijo surja por motivación propia. Uno puede sonreír y expresar sus verdaderos sentimientos; sin embargo, se debe evitar halagar excesivamente, aplaudir y estar demasiado pendiente. Si hace esto, su hijo comenzará a buscar satisfacción en fuentes externas. Puede hacerse adicto a los elogios, y así volverse un artista que busca el aplauso en lugar de un explorador. El elogio también perturba e interrumpe el proceso de aprendizaje del niño, quien deja de hacer lo que está haciendo, se centra en usted y a veces no regresa a la actividad".

– Magda Gerber, *Your Self-Confident Baby*
(El bebé seguro de sí mismo)

El reconocimiento prueba que estamos prestando atención y hace que el niño se sienta comprendido, aceptado, apoyado y amado profundamente. ¿Podría existir una mejor razón para probar?

"Las personas olvidarán lo que dijiste, olvidarán lo que hiciste, pero nunca olvidarán cómo las hiciste sentir".

– Maya Angelou

"Todos necesitamos a alguien que comprenda".

– Magda Gerber

4.

Cómo amar el cambio de pañal

Dirán que soy sensible, pero una vez vi un cambio de pañal que me hizo llorar. De hecho, el solo recordarlo hace que se me llenen de lágrimas los ojos.

Era una escena de una película sobre el Instituto Pikler, un orfanato muy respetado de Budapest, Hungría, fundado por una pediatra y experta en niños pequeños, la Dra. Emmi Pikler. La cámara se enfoca en un recién nacido que había llegado poco tiempo atrás, con tres semanas de vida, a quien se le da la bienvenida con un cambio de pañal; la cuidadora le habla despacio y lo acaricia con ternura. Los subtítulos dicen: "Ahora te voy a levantar las piernitas y voy a poner un pañal debajo de ti". Luego de explicar cada acción hace una pausa para dar tiempo al bebé de responder y anticipar lo que sucederá a continuación.

Varios minutos después, una vez completada esta delicada tarea, la cuidadora le dice suavemente a la personita pequeña y confiada: "Creo que este lugar te va a gustar".

Los cambios de pañal están hechos para la intimidad; lo único que necesitamos para hacer de esta tarea rutinaria temida y difícil una experiencia mutuamente gratificante es cambiar nuestra percepción, es decir, apreciar esta oportunidad como un momento ideal para crear una relación más cercana con nuestro hijo.

Recordar ir más lento, incluir a nuestro bebé en lugar de distraerlo y pedirle que nos ayude, usar manos delicadas y "abiertas a la ayuda" en vez de manos ocupadas y eficaces puede en verdad transformar una tarea mundana en un momento de enriquecimiento mutuo.

No siempre será fácil. Los niños pequeños ponen a prueba los límites, que es exactamente lo que deben hacer. Si nos hicieran la vida fácil, habrían fracasado como niños.

Algunas ideas para aprovechar al máximo el cambio de pañal con nuestro bebé o niño pequeño:

Dar la pauta con un comienzo respetuoso. Me llena de estupor cuando los padres de repente interrumpen a un niño para mirar en la parte posterior del pañal, o dicen: "¡Puf, qué olorcito! ¡Hay que cambiar ese pañal!". Debo contenerme para no preguntar: "¿A usted le gustaría que la trataran así? Si usted soltara un gas en público, ¿se taparían todos la nariz, ahuyentarían el olor con la mano o la tomarían de los calzones?".

A los niños no les gusta que los interrumpan cuando juegan, y la mayoría de los cambios de pañal pueden postergarse hasta que haya una pausa en la actividad del pequeño.

Entonces, espere a que haya una pausa en el juego y diga discretamente: "Ahora déjame ver tu pañal", y luego: "Vamos a cambiarlo". Si el niño camina, puede darle una opción: "¿Quieres ir al cambiador caminando o que te lleve a upa?".

Si se resiste, tal vez pueda ofrecerle más tiempo: "Veo que aún estás jugando. En cinco minutos cambiamos el pañal". Los niños pequeños anhelan la autonomía y están más dispuestos a cooperar cuando respetamos su necesidad de tomar algunas decisiones.

Preste toda su atención, sin ninguna otra distracción. Valore este tiempo juntos y su bebé también lo hará. Despréndase de otras preocupaciones para concentrarse por estos pocos minutos en su hijo. *Vaya más despacio.* Hasta los bebés más pequeños sienten nuestro apuro o distracción; esto los pone tensos y reacios en lugar de disponerlos bien. El contacto suave y tranquilo crea confianza.

Si el niño parece distraído, reconózcalo y espere: "Oyes esa sirena tan fuerte. Yo también la oigo. Ahora parece que ya pasó; ¿te puedo desabrochar el pijama?". Otro ejemplo: "Estás llorando. ¿Te recosté demasiado rápido? ¿Quieres un ratito en brazos antes de empezar?".

Recuerde prestar atención a la persona completa, no solo a la mitad de abajo, y no haga nada sin decírselo primero. Al decirle lo que estamos haciendo, no solo lo tratamos con respeto sino que lo alentamos a absorber el lenguaje con todos los sentidos (las toallitas frías, el sonido de los broches del pijama).

Pida a su bebé que le ayude. Se deleitará con las reacciones del bebé, quien enseguida le mostrará cómo puede poner las manos en las mangas, contraer los abdominales para ayudar cuando hay que levantarle la cola, así como sostener el pañal y la crema para la cola. Cuando terminamos de ponerle el pañal preguntamos:

"¿Estás listo para que te levante?". El bebé aprenderá a extender los brazos como respuesta. Es sorprendente cómo hasta los bebés más pequeños responden cuando les pedimos levantarlos: preparan los músculos para un cambio de altura y postura.

Sea flexible. Manténgase abierto a nuevas posibilidades. Cuando los bebés empiezan a tener más movilidad, necesitan que nos ajustemos a sus necesidades lo mejor posible. Quizá el bebé quiera ponerse boca abajo para que le limpien la cola, o en cuatro patas como para gatear. A un niño que camina tal vez sea mejor cambiarlo en el piso, parado sobre un protector. Siga pidiendo colaboración, pero haga concesiones y permita que el niño haga las cosas a su manera si logra que funcione.

Imagine nuevas maneras en las que su hijo pueda participar más. Pídale que se limpie solo, se aplique la crema y se ponga o se saque el pañal. Los niños de todas las edades desean que, dentro de lo posible, confiemos en que pueden hacer las cosas solos. Si mantiene la mente abierta a todas las posibilidades, se sorprenderá con todo lo que puede hacer su bebé.

Recuerde que su objetivo es la colaboración. ¿Todos los cambios de pañal son fáciles y están libres de problemas? ¡Claro que no! Un niño con apego saludable pone a prueba los límites… seguido.

A veces empezamos con mal pie, el bebé está demasiado cansado (o lo estamos nosotros) y todo es un desastre. Olvídese de sentirse conectados: es probable que, en ese momento, ni siquiera sintamos demasiado cariño por nuestro bebé. Estos son los baches normales del camino. Es mejor aceptarlos y reconocerlos explícitamente con nuestro hijo: "¡Uf! Fue difícil este, ¿no?".

Como explica Ruth Anne Hammond en su revelador libro *Respecting Babies: A New Look At Magda Gerber's RIE Approach (El respeto a los bebés: Una nueva mirada al enfoque RIE de Magda Gerber)*: "Si [los padres] generalmente hacen las cosas despacio, con ternura y atención, las fallas ocasionales son fáciles de procesar emocionalmente para el niño, e incluso pueden ser útiles en el proceso de aprendizaje sobre la humanidad de sus padres".

El cambio de pañal no se reduce a completar una tarea o tener un bebé limpio. Para un bebé, nuestras manos constituyen la introducción al mundo. Si el contacto es pausado, suave, y las manos "solicitan" la colaboración del niño en lugar de demandarla, se nos recompensa con una relación basada en la confianza, el respeto y el conocimiento inexorable de la importancia mutua.

"Generalmente se da el caso de que los bebés más satisfechos y alegres son aquellos en las manos de madres que se mueven con una lentitud ceremonial".

– Dra. Emmi Pikler

5.

El dolor sano

Lorena tuvo que salir de la clase de crianza para hacer un llamado telefónico. Se dirigió hacia la puerta con vacilación, pero de repente se detuvo y me preguntó: "¿Salgo sin problemas?". Como le había dicho con claridad lo que iba a hacer a su hijo Álvaro, de diez meses, yo la alenté: "Sí". Al ver que su madre se había ido, Álvaro comenzó a llorar; entonces me acerqué y le dije bajito: "Tu mamá salió, pero ahora vuelve. Tú no querías que se fuera".

El simple reconocimiento de su punto de vista hizo que Álvaro se calmara casi de inmediato. Gimoteó una o dos veces y luego esperó sentado pacientemente, con los ojos clavados en la puerta, a que volviera su mamá.

Esta situación se repitió la semana siguiente en clase. Lorena dijo a Álvaro: "Voy al baño", y salió un poco indecisa. Álvaro empezó a llorar. Fui y le dije: "No querías que se fuera. Pero ya vuelve. Es difícil cuando mamá se va y tú no querías que lo hiciera. ¿Quieres upa?". (No quiso). Esta vez Álvaro siguió llorando durante lo que pareció un minuto interminable. Sentí la incomodidad de todos los que estaban en la clase, ¡hasta la mía! Al final, habiendo expresado su dolor por completo, se quedó callado, estuvo sentado quieto durante un momento y luego se estiró para tomar una pelota que estaba cerca.

Para cuando regresó Lorena, estaba ocupado jugando, pero cuando la vio le lanzó un grito, como objetando su previa acción. Ella se sentó con él y le permitió terminar con sus quejas. Enseguida volvió a interesarse en el entorno.

A nadie le gusta oír el llanto de un bebé. Aun unos segundos de lloro pueden ser insoportables para la mayoría de los adultos. Seamos padres, abuelos o cuidadores pagos, sentimos que estamos fallando si el niño bajo nuestro cuidado está disgustado. Queremos distraerlo, hacerlo sonreír, y hacemos casi cualquier cosa para poner fin al sentimiento que desencadenó las lágrimas. Pero preguntémonos lo siguiente: cuando se marcha un ser querido, ¿no deberíamos sentir pérdida y tristeza?

Supongamos que en el caso de Álvaro seguimos los impulsos naturales. Cuando la mamá sale, él llora, y nosotros de inmediato lo atendemos: "Está bien, no pasa nada. ¡Mami ya viene! No llores… Shhh, Shhh. Ay, mira la pelota… aquí, ¡atájala, atájala! ¡Qué bueno!".

Esta acción sin duda podría poner un fin abrupto al ataque de Álvaro, quien dejaría de llorar. ¿Pero qué aprende el niño? Y, aún más importante, ¿adónde fueron a parar esos sentimientos de pérdida?

Adelantemos unos años: muere el adorado perro de la familia de Álvaro. Los padres están desolados y las tristes lágrimas del niño solo magnifican su dolor. "Álvaro… Uy, ¡no te preocupes, está bien! No llores… Shhh… No pasa nada. Debemos ser fuertes. Conseguiremos otro perro, ¡un cachorrito nuevo!"

La reciente muerte de mi madre ha renovado mi interés en el proceso de duelo. El problema, como observan de modo muy acertado John W. James y Russell Friedman en *The Grief Recovery Handbook (Manual para superar pérdidas emocionales)*, es que "Se nos enseña cómo adquirir cosas, pero no qué hacer cuando las perdemos". Nuestros padres, amigos y la sociedad misma nos animan a que escondamos el dolor en lugar de aceptarlo de manera productiva. No te sientas mal. Reemplaza la pérdida. Sé fuerte para los demás. Mantente ocupado.

Esto es una muestra de las sugerencias, tanto tácitas como explícitas, que recibimos desde una edad temprana sobre cómo manejar el dolor. Requieren que no hagamos caso a nuestros verdaderos sentimientos y nos los guardemos dentro, es decir, que los enterremos. Son todas ideas con buenas intenciones que surgen de la inquietud de quienes nos rodean, pues no quieren vernos tristes. Sin embargo, estas distracciones no hacen más que socavar la capacidad de expresar nuestros verdaderos sentimientos, encaminándonos a una resolución incompleta del dolor y la pérdida.

La gente que se encuentra de duelo desea y necesita ser escuchada, no que la remienden. Sin embargo, los dolientes también quieren la aprobación de los demás, y por ende sienten la necesidad de parecer recuperados. Nuestros sentimientos suprimidos y sin resolver disminuyen la alegría de vivir y debilitan nuestra energía vital. Es posible que busquemos alivio en las drogas, el alcohol u otros comportamientos adictivos. En el mejor de los casos, estamos respondiendo de manera poco natural a la pérdida y la decepción, continuando con hábitos que amenazan la felicidad futura, así como el sentimiento de bienestar. Por eso es vital aprender cómo superar la pérdida en sus formas más simples y tempranas.

En RIE tenemos la suerte de estudiar la salud emocional al principio de la vida, y al reflexionar sobre los orígenes del dolor para un niño pensé en bebés como Álvaro, que sufren la ausencia momentánea de un ser querido. La separación de sus padres, aun para ir a una habitación contigua, es de hecho la primera pérdida que enfrenta la mayoría de los niños. Si manejamos esta situación con prudencia, quizá podamos encaminar al niño en una dirección sana para cuando le toque experimentar otras pérdidas en la vida.

Otra pérdida temprana con la que los niños se enfrentan ocurre cuando nace un hermano. La relación del primogénito con sus cuidadores primarios se altera de manera repentina y profunda. No importa con cuánta sensibilidad los padres manejen la situación o cuánto el niño "adore" al recién nacido, hay duelo por la situación preexistente, por cómo eran las cosas antes. El tercero recién llegado causa una reconfiguración forzada del lugar del niño en su mundo y una tremenda pérdida. Si se confía en el niño y se lo alienta para que exprese la gama de sentimientos negativos que pueda estar sintiendo, y si los padres pueden utilizar lo que les quede de energía para mantener los límites de comportamiento intactos, dando cabida al mismo tiempo a los sentimientos dolorosos, el niño seguirá el rumbo de la liberación emocional saludable.

Cuando un niño bajo nuestro cuidado está afligido por una pérdida nuestro trabajo es facilitarla —sin importar que nos parezca insignificante— y, simplemente, dejarlo que pase por el duelo. Magda

Gerber solía recordar a sus alumnos: "A veces se gana y a veces se pierde".

Se puede confiar en que Álvaro, al igual que todos los niños, pasará el momento de dolor como un individuo, de una manera única y perfecta. Si se los deja, los niños expresan sus sentimientos con autenticidad. Entonces, si podemos darle el espacio y el tiempo necesarios para expresar los sentimientos dolorosos en lugar de detener sus llantos, y si podemos calmarnos como para superar nuestra propia incomodidad, nuestro hijo sabrá que sus respuestas auténticas son aceptadas y apropiadas.

Así, el niño puede continuar experimentando la pérdida de manera natural, aprender a superarla de forma competente, y saber que se puede sobrevivir a ella. Este enfoque consciente es vital, ya que al adoptarlo, lejos de fallar, estamos brindando el nivel más alto de cuidado... y de amor.

6.

Los bebés y el sueño

"La palabra 'dormir' despierta hasta al bebé más soñoliento".

– Magda Gerber

Es probable que la afirmación de Magda Gerber parezca disparatada; sin embargo, recientes estudios científicos (por Gopnik, Bloom, Spelke y otros) están probando ahora lo que Gerber comprendió hace más de medio siglo: los bebés son asombrosamente perspicaces y conscientes. Reconocen las palabras que se repiten, leen nuestros subtextos, y perciben nuestros sentimientos y actitudes.

A lo largo de mis décadas observando bebés y niños pequeños, he notado que incluso tienen una tendencia a resistir cualquier cosa que perciban como intenciones ocultas, especialmente si presienten que estamos tratando de venderles una idea.

Magda recomendaba reemplazar "dormir" por "descansar", en parte porque descansar es un poco más suave, menos exigente. Además, para muchos de nosotros, la palabra dormir puede tener una connotación ligeramente negativa, que podemos transmitir a nuestros niños sin darnos cuenta.

Piense en dos de las frases que usamos más comúnmente, como "vete a dormir", que suena a rechazo, y "duérmete", que suena categórica y casi como una amenaza.

Los bebés pueden ponerse inquietos y resistir el sueño si nuestra actitud a la hora de dormir es compasiva, como al decir: "Pobre bebé, se tiene que ir a dormir"; cuando anticipamos una lucha: "Uy, esto va a ser problemático"; o incluso cuando perciben nuestra impaciencia: "Estás cansada, así que vamos, ¡vete a dormir de una vez!". Estas actitudes hacen mucho más difícil el trabajo del bebé, que es relajarse lo suficiente para poder dormirse.

Lo principal acerca del sueño es lo principal acerca de la crianza en general: el bebé es una persona completa, consciente y competente. Escucha, nota, absorbe, y está preparado para aprender sobre nosotros y la vida mediante cada interacción, no importa cuán sutil, queramos que lo hagan o no.

Teniendo esta verdad en mente, he aquí algunas otras cosas importantes, si bien sutiles, sobre los bebés y el sueño:

Los bebés se sobreexcitan y se agotan con facilidad. Es fácil subestimar la hipersensibilidad de los niños muy pequeños, pero recuerde lo siguiente: ellos aún no han desarrollado los filtros como nosotros.

Imagine si su perilla de volumen sensorial estuviese al máximo todo el tiempo y usted no pudiese hacer nada para bajarla o desconectarse. Mientras que es esta hiperconciencia lo que hace a los bebés extraordinarios recolectores de información, también significa que se sobreexcitan en entornos que nosotros consideramos bastante adecuados. Ahora, tanto la sobreexcitación como el agotamiento pueden dar como resultado mal humor, quejidos, llantos, así como dificultades para dormirse o seguir dormidos.

Ser un bebé consciente es apasionante, pero también muy cansador, y el agotamiento se puede producir fácilmente (siendo mamá, hasta a mí a menudo se me pasaba por alto).

Siempre recuerdo a los padres en mis clases lo ultraestimulantes y cansadores que son los noventa minutos que pasamos juntos todas las semanas, aunque las clases sean relativamente relajadas y tranquilas. Los bebés absorben el espacio, la energía de toda la gente, mientras que al mismo tiempo están desarrollando sus habilidades motoras, cognitivas y sociales mediante el juego elegido por ellos mismos. Entonces, para ellos, es agotador.

Promover el sueño reparador significa mantenernos atentos a la amenaza de sobreexcitación y fatiga, mediante la detección temprana de la ola de sueño. Entre las señales tempranas de fatiga se encuentran la disminución del ritmo, la falta de coordinación y como un aspecto de estar algo aturdido (de hecho, esto suena bastante a cómo me encuentro yo al final del día).

A los bebés les gusta la rutina y desarrollan hábitos fácilmente. Nuestras elecciones como padres definen la vida a los ojos del bebé; le enseñamos qué esperar y, comúnmente, querrá seguir haciendo lo que ya sabe, lo cual tiene sentido tomando en cuenta su mundo nuevo, que a menudo es apabullante. Entonces, si bien las rutinas y preferencias de sueño son distintas en cada familia, todas tienen la tendencia a formar hábitos.

Se me ocurre este ejemplo: trabajé con una bebé que se había acostumbrado a dormir mientras su mamá la llevaba en un portabebés. La familia se encontró en dificultades cuando intentaron hacer la transición para que durmiera en una cama, porque había aprendido a dormirse amamantando y quedar con las piernas elevadas.

Cuando los padres intentaban acostarla en la cama una vez dormida, enseguida se despertaba con un sobresalto, al sentir que las piernas bajaban al nivel de la cama.

Finalmente los padres consultaron a un especialista en sueño, quien les sugirió un nuevo plan. Consistía en colocar a la bebé en la cama mientras estaba al menos un poco despierta, y girarla hacia la cama en un principio para que viera adónde iría antes de acostarla de espalda. Luego le daban unos minutos para aclimatarse, lo cual significaba (como a menudo es el caso) que llorara para liberar el estrés.

Espero que ningún lector interprete esto como una sugerencia de nunca amamantar a los bebés para dormir o permitirles hacerse una siesta en el portabebés o en brazos. Lo que yo recomiendo es recordar que nuestras elecciones tienen consecuencias, porque las condiciones que creamos pueden volverse hábitos que luego pueden transformarse en necesidades del bebé. Si bien algunos bebés dejarán estos hábitos de manera natural, a otros los cambios les resultarán más difíciles.

Si deben introducirse cambios en la rutina, la comunicación y el respeto son imperativos. Aunque los bebés prefieren lo predecible y familiar, también son capaces de adaptarse a los cambios que nos parezcan necesarios, siempre y cuando nuestras expectativas sean adecuadas desde el punto de vista del desarrollo. En otras palabras, no debemos esperar que un bebé pequeño pase toda la noche sin tomar leche, etc.

A mí no me gusta la expresión "enseñar a dormir", no solo porque suena poco natural y forzada, sino porque la transición a hábitos de sueño más sanos es lo opuesto al proceso de aprendizaje; es más bien un desaprendizaje. Con respeto, los ayudamos a desaprender los hábitos que les hemos enseñado al arrullarlos, mecerlos, acarrearlos o dar vueltas en coche para que se duerman. Con respeto, los ayudamos a desaprender el condicionamiento de quedarse dormidos (y, solo en el caso de algunos, seguir dormidos) en el pecho.

El bebé, consciente y competente, puede hacer estos ajustes con un mínimo de estrés si creamos una relación respetuosa y de confianza mediante los siguientes comportamientos:

a) Fomentar una relación comunicativa: Cuanto antes le hablemos al bebé como si entendiera, más pronto reconoceremos que sin duda lo hace. Un ejemplo es cuando siempre le preguntamos: "¿Estás listo para que te levante?" (en lugar de inclinarnos sobre él de repente y levantarlo); luego esperamos su respuesta, y si indica que sí, le respondemos: "Bien, ahora te voy a levantar". Empezaremos a notar que el bebé tensiona un poquito el cuerpo anticipando que lo levantarán y, finalmente, él mismo levantará los brazos hacia los nuestros.

b) Informar al bebé de manera simple y sincera sobre los cambios que vamos a hacer: "Después del baño vamos a amamantar y luego te cantaré una canción mientras nos acurrucamos en tu cama para que puedas descansar. Generalmente yo te acuno un rato largo, pero esta noche nos acurrucaremos y después te diré buenas noches en tu cama".

c) Apoyar, aceptar y reconocer los sentimientos: "Te encuentras molesta. Esto es muy distinto, ya lo sé. Tú estás acostumbrada a que te acunen... Noto lo molesta que estás. Te cuesta tranquilizarte, pero ya lo lograrás".

El sueño requiere "desenchufarse". Crear ritmos de sueño saludables para nuestro bebé consciente significa crear las condiciones y adoptar las prácticas que le facilitan desconectarse de su mundo fascinante a la hora de irse a dormir. Nuestra presencia calma lo ayuda a desprenderse de la estimulación, el estrés, la excitación y otras emociones que pueda haber almacenado ese día (o esa mañana).

Para relajarse, el bebé necesita que nos relajemos *nosotros*, lo cual significa que la hora de irse a dormir nunca es un buen momento para expresar nuestras preocupaciones, nuestra frustración o nuestro enojo, o entrar en disputa acerca del sueño (¿alguna vez ha intentado irse a dormir molesto o ansioso?).

Al igual que las canciones de cuna y los cuentos relajantes, las rutinas para irse a dormir que son predecibles, que repetimos todos los días, ayudan al bebé a desconectarse gradualmente y anticipar el sueño, y tal vez hasta a esperarlo con gusto.

Hacia otro nivel de cuidado

"Un bonito hábito para comenzar con nuestro hijo a la hora de acostarse es revivir el día. Puede decir, por ejemplo: 'Hoy salimos a caminar y llovió. Volvimos a casa, almorzamos, etc.'. Lo que a nosotros nos parece insignificante es importante para un niño: qué comió, dónde estuvo y a quién vio. Recordar el día es una manera de darle seguridad. Después se lleva los buenos sentimientos del día a la cama con él. También puede mencionar lo que sucederá mañana. Eso conecta el pasado con el presente y el futuro, y representa su vida como un ciclo que fluye..."

– Magda Gerber, *Your Self-Confident Baby*
(El bebé seguro de sí mismo)

Zzzzzzz...

7.

Hacer sentar a los bebés: Las desventajas

Habrá quien considere un suicidio social el hecho de sugerir aspectos negativos de una práctica que probablemente el 90 por ciento de los padres elige con sus bebés. *¿En verdad* vale la pena arriesgarse?

Después de luchar con esta idea, ganó mi pasión por el desarrollo motor grueso natural. Por eso, sinceramente espero que lea este capítulo con la mente abierta (o se detenga aquí y pase a otro capítulo).

Mi esposo y yo sentamos a nuestra primera bebé sin pensarlo dos veces; la apoyábamos contra el respaldo del sillón cuando solo tenía unas semanas de vida para sacarle fotos en su fabuloso atuendo nuevo. Cuando miro esas fotos ahora me doy cuenta de que esa postura no la favorecía; parece desplomada y congelada: ni cómoda ni alegre. En una de las fotos, que es particularmente indecorosa, tiene puesto un mono naranja chillón, al estilo bufón, con un sombrero que le hace juego, regalo de un amigo ocurrente (sin hijos). El ceño fruncido de nuestra recién nacida deja en claro que a ella no le pareció gracioso.

Para cuando nuestra bebé tenía cuatro meses, yo ya asistía a clases de RIE, donde se me alentaba a que le diera mucho tiempo para moverse libremente y le permitiera rodar de boca arriba a boca abajo, pivotar, arrastrarse y finalmente descubrir cómo sentarse por su cuenta.

Nunca olvidaré la primera vez que logró sentarse sola. Había estado meciéndose sobre las rodillas, volviendo luego a ponerse de costado y *casi* lográndolo durante varios días. Luego, una mañana, estaba jugando en el piso de una habitación minúscula en un hotel de París y de repente apareció sentada frente a un armario, sorprendida de encontrar una imagen de sí misma en el espejo.

El esplendor de los logros como estos, que son "propiedad del bebé", es una de las razones por las cuales recomiendo dar al pequeño oportunidad de aprender a sentarse por su cuenta y no acomodarlo o apoyarlo contra algo. A continuación se describen otras razones:

1. El desarrollo motor grueso natural: Muchas de las ideas que enseñaba Magda Gerber estaban basadas en la investigación y el trabajo clínico de la renombrada pediatra húngara Emmi Pikler (1902-1984), quien era amiga y mentora de Magda. Una de las contribuciones revolucionarias de la Dra. Pikler al cuidado infantil surgió a partir de su marcado interés en la fisiología del desarrollo motor no restringido, asistido o enseñado. Tras sus muchos años de investigación, observación y experiencia, Pikler concluyó que cuando se permite que el desarrollo infantil ocurra de manera natural y sin interferencia no solo existen beneficios físicos tales como la gracia y la facilidad de movimiento, sino también beneficios psicológicos y cognitivos.

"*El proceso de aprendizaje jugará un papel principal en toda la etapa de madurez del ser humano. Con este tipo de desarrollo, el bebé descubre su capacidad de hacer algo de manera independiente a través del esfuerzo paciente y persistente. Cuando durante el desarrollo motor aprende a darse vuelta y ponerse boca abajo, rodar, arrastrarse, sentarse, pararse y caminar, no solo está aprendiendo esos movimientos sino también 'cómo aprender'. Aprende a hacer algo solo, interesarse en las cosas, probar, experimentar, superar dificultades. Llega a conocer el placer y la satisfacción que surgen del éxito, que fue resultado de su paciencia y persistencia*".

– Dra. Emmi Pikler, *Peaceful Babies – Contented Mothers (Bebés tranquilos, madres contentas)*

2. La restricción del movimiento: Sentar a los bebés antes de tiempo no les permite rodar, girar, arrastrarse o hacer demasiado de ninguna otra cosa. Cuando se coloca a un bebé en esta posición antes de que logre hacerlo de manera independiente, por lo general no puede dejar la posición de sentado sin caerse, lo cual no fomenta el sentido de seguridad o confianza física.

Los bebés que he observado jugar en esta posición parecen estar sujetados al suelo, inmóviles de la cintura para abajo. Mientras que los bebés recostados de espalda mueven sus extremidades libremente, ruedan de boca arriba a boca abajo, y empiezan a pivotar, arrastrarse o reptar, los bebés a quienes se ha sentado solo pueden inclinarse para alcanzar objetos que les llamen la atención. Si un juguete se le cae a donde no llega, el bebé sentado tiene que depender de un adulto para que se lo alcance.

Por supuesto, los bebés tienen una capacidad de adaptación fenomenal. He visto cómo bebés a quienes se coloca habitualmente en esta posición aprenden a girar en círculo y por último se movilizan desplazándose lateralmente sobre la cola.

3. Los hábitos: A los bebés les gusta seguir haciendo lo que conocen (y los hábitos que les creamos pueden fácilmente transformarse en sus "necesidades"). Cuando sentamos al bebé, generalmente empieza a esperar y querer eso. En cambio, si no lo sentamos no deseará esa posición.

Si los padres quisieran retroceder e intentar romper el hábito de estar sentado, es probable que haya un período de ajuste y algunas quejas por parte del bebé, a quien se deberá alentar a disfrutar estar recostado de espalda de a poco. Desde esta posición, el desarrollo motor puede progresar de manera natural.

"Dar a los bebés, aun aquellos con retrasos del desarrollo, la libertad de moverse conforme a sus impulsos innatos puede parecer radical, pero es esencial para que lleguen a ser personas con una autoestima inquebrantable".

– Ruth Anne Hammond, *Respecting Babies*
(El respeto a los bebés)

4. El retraso con respecto a los indicadores de desarrollo motor o salteo de algunos hitos: Cuando los padres me escriben preocupados de que sus hijos no han alcanzado hitos como rodar o gatear, a menudo resulta que han estado restringiendo el movimiento en asientitos para bebés, saltarines o centros de actividades, o sentando al bebé.

No se puede esperar que el bebé adquiera habilidades de desarrollo motor sin el tiempo y la libertad para hacerlo. Si se lo sienta y no puede moverse, el bebé a veces incluso saltea otros hitos importantes, como rodar, arrastrarse y gatear.

"Yo creo en brindar al bebé un espacio seguro en el que pueda jugar, así como en permitirle moverse con libertad y desarrollarse solo, sin ayuda. Evite apoyarlo contra algo en posición de sentado o ayudarlo a rodar. Él tiene un deseo innato de pasar por estas secuencias de desarrollo y posee el conocimiento de cómo hacerlo de una manera que es 'correcta' para él. El bebé hace esto a su propio ritmo y le da placer hacerlo".

– Magda Gerber

5. El juego independiente: Sentar al bebé es un obstáculo importante para el juego independiente. Dado que el sentarse antes de estar listo constituye una posición estática, dependiente, el bebé no tiende a disfrutar estar así durante mucho tiempo (y esto es presuponiendo que no se caiga).

6. La flexibilidad, la postura y la forma: Irene Lyon, investigadora científica del cuerpo humano y terapeuta del Método Feldenkrais, ofrece esta perspectiva:

"Piense en lo difícil que es para la mayoría de los adultos sentarse en el piso con la pelvis totalmente debajo de ellos. Cada vez más gente se está dando cuenta de esto a medida que la meditación en posición sentada se pone más de moda, al igual que el yoga hizo que la gente se diera cuenta de lo cortos que eran sus isquiotibiales. Pero si le da a un niño la

posibilidad de sentarse por su cuenta, eso significa que habrá hecho funcionar su cuerpo de la mejor manera posible para él a través de su propio descubrimiento y movimiento; y, por supuesto, habrá aprendido cómo formar curvas en la columna vertebral y las caderas, cómo encontrar la flexibilidad en las articulaciones del tobillo y la rodilla. Cuando se les da la oportunidad de hacerlo solos, es un proceso gradual y orgánico en el que la forma se adapta a la funcionalidad".

Si desea ver un ejemplo perfecto de una bebé arreglándoselas sola, le aconsejo vivamente mirar "Baby Liv", un video de Irene, de tres minutos, que encontrará en YouTube.

7. La pérdida de las posturas de transición: Un ejemplo de una postura de transición es la de "reclinarse sobre un lado" (a la que denomino con cariño "la posición masculina de póster"), que generalmente conduce a la posición de sentado. Hay muchas otras posturas que ocurren entre los hitos más llamativos, como rodar, arrastrarse y sentarse. Algunas son variaciones únicas de un niño en particular, y si creemos en la sabiduría del cuerpo (como en mi caso), cada una de estas cumple un valioso propósito de desarrollo. Siempre recuerdo a los padres que saquen fotos, ya que la mayoría son encantadoras y duran poco.

8. ¿Cuál es el apuro? Los bebés construyen su autoestima cuando se confía en ellos, cuando se los acepta y valora por lo que pueden (y eligen) hacer. Ellos lograrán todo a su propio ritmo.

Janet Lansbury

"He hecho la siguiente pregunta a los padres: '¿Usted qué edad tenía cuando aprendió a sentarse?'. Hasta ahora nadie lo ha recordado. ¿Qué ventaja tiene empezar a sentarse precozmente? ¿Por qué hay tanta gente aferrada a conceptos tales como 'lo antes posible, mejor'? Dado que nuestra vida se está alargando, ¿por qué no disminuimos el ritmo? ¿Por qué razón casi ni se mencionan conceptos como el de estar listo y la motivación?"

– Magda Gerber

8.

Cómo desarrollar la atención y la capacidad de concentración de su hijo

No lo pensamos dos veces cuando vamos a interrumpir a un bebé o a un niño pequeño, principalmente porque no damos valor a lo que hacen. Al mismo tiempo, queremos que nuestros hijos estudien y den rienda suelta a su potencial. Queremos que sean capaces de escuchar con paciencia en la clase, que tengan la tenacidad para resolver problemas difíciles y que persigan sus sueños. Queremos que el "prestar atención" surja de manera natural y las habilidades de aprendizaje broten fácilmente y con alegría.

Los primeros años de vida son formativos para desarrollar la atención y la concentración. Hay varias maneras de alimentar un período de concentración largo:

Mantener al mínimo el entretenimiento y la estimulación. Los bebés son criaturas de hábito y pueden acostumbrarse a esperar que se los entretenga en lugar de hacer lo que les surge de manera natural, que es absorber el entorno. La estimulación constante da como resultado un padre exhausto y un bebé sobreexcitado, que se aburre con facilidad.

La especialista infantil Magda Gerber enseñaba que los bebés por naturaleza no se aburren. Son los padres los que se aburren. El bebé está embelesado por la manera en que se mueve su cuerpo, las vistas, los sonidos, los olores, los rinconcitos de la vida que los adultos damos por sentados. Él necesita tiempo ininterrumpido para experimentar esas cosas y asimilarlas.

No permitir que el niño mire televisión o videos durante los primeros dos años. La televisión y los videos son la forma más drástica de minar el período de concentración de su hijo, que se está expandiendo, ya que comprometen y arrollan su atención en lugar de alentarlo a que ejercite el músculo de la concentración de manera activa.

Imagine la poderosa atracción de una pantalla de televisión en un restaurante. Uno puede estar sentado con la gente más fascinante del mundo y, aun así, encuentra que la maldita televisión atrae sus ojos. (Para aquellos interesados en un estudio exhaustivo sobre el tema de la televisión, recomiendo especialmente *Endangered Minds: Why Children Don't Think – And What We Can Do About It (Mentes en peligro: Por qué los niños no piensan y qué podemos hacer al respecto)*, de la Dra. Jane M. Healy).

Crear un lugar seguro y acogedor, que fomente el "sí". Para mantenerse ocupado durante largos períodos, el bebé debe tener un lugar seguro. Puede comenzar con un moisés o una cuna, luego un corralito y, por último, un área de juego cercada o protegida con puertas de seguridad. Un área demasiado grande en la que el niño tiene acceso a objetos peligrosos no es el entorno relajado que necesita para lograr una concentración sostenida. El bebé no puede jugar durante largos períodos si lo distraen la tensión de los padres preocupados por su seguridad y las interrupciones de los "no".

Solo proporcionar objetos y juguetes simples con posibilidades de uso infinitas. A no ser que se los distraiga, los bebés tienen tendencia a examinar un objeto simple hasta el último centímetro, como por ejemplo el diseño en una servilleta de tela. Experimentan: lo agitan, se lo colocan en la boca, sobre la cara y lo hacen un bollito. Son propensos a cansarse o sobreexcitarse con objetos que no pueden comprender (como los sonajeros y otros objetos misteriosos similares), o juguetes que observan u oyen de manera pasiva y tienen una única función (como los móviles musicales o los juguetes a cuerda). Esos juguetes captan la atención del niño en lugar de fortalecer su capacidad de concentrarse, investigar e interactuar de manera activa, similar a lo que ocurre con la televisión y los videos.

Observar. Y no interrumpir. Observar el modo en el que el bebé elige pasar su tiempo hace que nos demos cuenta de que no solo está ahí tirado, sino que de hecho está *haciendo* algo. Ese algo puede ser mirar fijamente hacia la ventana o al ventilador de techo, o intentar atrapar las partículas de polvo que flotan en el aire iluminadas por el sol.

Cada vez que interrumpimos la contemplación del bebé desalentamos la concentración. Al observar, podemos ver cuando hay una interrupción en la acción, por ejemplo, cuando el bebé aparta la mirada de la pelota a la que estaba dando empujoncitos con los dedos y se da vuelta para mirarnos. Ese es el momento de pedirle si podemos levantarlo para cambiarle el pañal sin desviar su atención e interferir con lo que estaba pensando.

Permitir que el bebé elija. Es simple: los niños están más interesados en las cosas que ellos eligen que en las que nosotros les elegimos. Por tanto, permitirle a un bebé elegir qué hacer en su medio ambiente de juego en lugar de dirigirlo a una actividad que nosotros elegimos (un juego de aprendizaje, un rompecabezas o tarjetas didácticas) captará mejor su interés, atención y concentración.

Los niños que reciben abundantes oportunidades para concentrarse durante períodos prolongados en actividades que ellos eligen son más capaces de prestar atención en situaciones futuras, como la escuela, donde las actividades son prescritas por adultos.

No alentar la distracción. Es una práctica común la de distraer al bebé con un juguete en el cambiador "para poder cambiar el pañal rápido". Sin embargo, esto le enseña a *no* prestar atención. Para él, el cambio de pañal, el baño y la hora de comer no representan tareas rutinarias aburridas y desagradables. El bebé está interesado en todos los aspectos de su vida. Quiere que se lo incluya en cada paso de una tarea que tiene que ver con él y que se lo invite a participar en la medida de sus capacidades.

Cuando le enseñamos a un bebé que él NO debe prestar atención a las actividades de las que él forma una parte integral, ¿cómo podemos esperar que desarrolle una capacidad de concentración saludable?

La capacidad de pasar períodos prolongados ahondando, buscando una comprensión más profunda de un objeto o situación puede desarrollarse y fortalecerse como un músculo. No pretendo tener un doctorado en el tema, pero el sentido común y la experiencia me dicen que un hogar que favorezca la concentración y la atención puede tener un impacto positivo en algunos trastornos por déficit de atención, y quizá incluso prevenirlos.

La concentración es poder. Un período de concentración largo es esencial para el logro creativo, atlético y académico. Las personas que escuchan con atención resultan ser los mejores amigos, esposos y padres.

Así que la próxima vez que vaya a ver qué hace su bebé, acérquese en puntas de pie y eche una mirada antes de decir "Hola".

9.

El juego infantil:
Grandes mentes en pleno trabajo

Si bien he observado a cientos de bebés durante veinte años y me siento cómoda con el entendimiento que tengo de su mundo, aún me pone un poco incómoda describir "el juego infantil" a otros. Siento que la persona piensa "Ah sí, claro, los niños *juegan*".

Sin embargo, desde que el bebé tiene apenas unas semanas, o incluso días, es capaz de comenzar el feliz hábito del juego dirigido por él mismo. Cuando aprendemos a reconocer, valorar y permitir este elemento inapreciable de la vida de un niño, nos esperan sorpresas increíbles.

Para el ojo de un adulto que no es experto, el juego de un bebé puede parecer bastante aburrido. Nos sentimos obligados a entretener al bebé (como en mi caso) o creemos que necesita el estímulo constante de andar con nosotros de aquí para allá en un portabebés o asientito. En realidad, el bebé no necesita que gastemos energía en mantenerlo ocupado. De hecho, hacer eso socava el deseo natural de iniciar sus propias actividades y absorber el mundo a su manera.

Los bebés son autodidactas, y lo que realmente necesitan (y tiene enormes beneficios en el desarrollo) es el tiempo, la libertad y la confianza para poder simplemente "ser".

De adultos nos olvidamos de que cada detalle del mundo cotidiano es nuevo y estimulante para un bebé: cada forma, contraste y sonido, aun el más leve movimiento son fascinantes. La vida es una plaza de juegos. Entonces, el bebé "juega" al mirar alrededor, escuchar, sentir y oler el aire, cuando tiene la libertad de estirarse para alcanzar algo, sujetar algo, girar el cuerpo y pensar... pensar... pensar. (¿No le encantaría saber qué piensa un bebé?)

La primera vez que noté jugar a uno de mis bebés fue en el cambiador; tenía nueve días de vida. Estábamos terminando de cambiarle el pañal y vi que estaba completamente absorto, mirando fijo una sombra en la pared. Respiré hondo, me abstuve de interrumpir... y esperé. Cuando finalmente levantó la vista hacia mí dos o tres minutos más tarde, le pregunté: "¿Quieres que te levante?". Y cuando sus ojos parecieron decir "sí", lo levanté.

Respetar estos momentos personales importantes en los que el bebé está pensativo —o sea, *no interrumpir*— estimula períodos de juego más largos que pueden extenderse a horas a medida que crece, durante los primeros años del niño y en adelante.

El bebé tiende a concentrarse más profundamente cuando se lo deja seguir sus propios planes de juego en lugar de seguir los nuestros. Cuando el bebé es "el guionista, el director y el actor principal" de su tiempo de juego, como recomendaba Magda Gerber, desarrolla sólidas habilidades cognitivas de aprendizaje y estimula sus propias capacidades naturales de explorar, imaginar y crear.

Nuestro papel es preparar un espacio seguro con unos pocos juguetes y objetos simples. Siempre que se pueda, es preferible la delicia sensorial de la naturaleza. Nos aseguramos de que el bebé pueda moverse con libertad, al principio acostado de espalda. Luego dejamos de lado toda expectativa (un desafío interesante) y así permitimos que nuestro bebé haga lo que desee.

Lo mejor son los objetos sencillos que el niño puede utilizar de manera creativa y dándoles usos múltiples, como pelotas de todos los tamaños, servilletas de algodón, aros o cadenas de plástico grandes, jarritos para apilar, muñecas simples, etc. Entre alrededor de los 12 meses y los 3 años, rompecabezas, libros de cartón, estructuras para escalar; se pueden agregar elementos más complejos, siempre teniendo en mente que queremos alentar el aprendizaje activo, la resolución de problemas dirigida por el niño y la experimentación creativa, en lugar del "hacerlo bien".

Si quiere ver un ejemplo en video de un bebé jugando felizmente y el mismo niño a los dos años de edad, puede mirar *Smart Baby's Self-Directed Play (RIE Baby) (El juego de motivación intrínseca de un bebé astuto [bebé RIE])* en YouTube.

10.

Las citas en el médico, el dentista y la peluquería

Me he llevado muchas sorpresas desde que soy mamá. He descubierto que los niños menores de seis años nunca caminan por un pasillo si pueden correr, que los granos de maíz pasan enteros por el cuerpo, y que los varones tienen un impulso accionado por la testosterona de poner a prueba el punto límite de todo, especialmente de los juguetes nuevos, con resultados predecibles.

Pero la sorpresa más grande de todas fue el descubrimiento de que tanto los bebés como los niños pequeños pueden disfrutar, e incluso esperar deseosos, un corte de pelo, así como una visita al médico o al dentista (no cabe duda de que yo jamás sentí algo así). Lo único que yo tenía que hacer para posibilitar esto era ayudar a mi bebé a "esperar deseoso" estos eventos rutinarios preparándolo de antemano y de forma sincera para la situación.

Cuando comencé a asistir a las clases de crianza RIE como mamá primeriza, adopté el hábito de decirle a mi bebé lo que se le hacía y, especialmente, lo que se le *estaba por* hacer o *estaba por* suceder. Le decía que estaba por levantarla, por ponerla en el cambiador, o cualquier otra cosa que la incluía a ella, antes de hacerlo.

Aprendí que los bebés ansían la predecibilidad. Les gusta el poquitito de control que sienten cuando pueden anticipar lo que sucederá a continuación. El saber, por ejemplo, que después del baño se pondrán el pijama, oirán una linda canción y después se los llevará en brazos para ayudar a cerrar las persianas antes de que se los ponga en su cama, hace que su mundo parezca un poquito menos apabullante y más seguro. Al bebé le gusta que se lo incluya en un proceso, participar lo más posible, aun si esto solo significa mantenerlo informado de lo que se le está haciendo.

Cuando se trata a un bebé con este tipo de respeto es sorprendentemente colaborador, ya que está consciente de lo que sucede e involucrado en ello. En cambio, cuando alzamos al bebé sin decir una palabra o lo distraemos con un juguete para poder cambiarle el pañal rapidito, desalentamos su participación y lo hacemos sentir manipulado para que sea sumiso en lugar de ser un aliado en una actividad íntima.

Aunque no pueda hablar, el bebé es una persona completa, capaz de participar de manera activa en una relación con nosotros y en su vida. Cuanto antes lo incluyamos e invitemos a participar, más pronto lo hará.

Cuando mi bebé tenía alrededor de 12 meses, la preparé con antelación para una visita al médico. Hablé con ella en casa la mañana de la cita: le dije a dónde íbamos y qué sucedería allí. Le hablé de la balanza, el estetoscopio, de cómo el médico iba a mirarle los ojos con una lucecita, sentirle la barriga y mirarle dentro de la boca. Si hubiese pensado que ese día le darían una inyección, le habría dicho eso también, y justo antes de que se la pusieran, le habría advertido: "Esto te puede doler o picar".

Cuando mi hija y yo llegamos al consultorio del médico del que tanto le había contado, pude sentir su anticipación llena de entusiasmo, y cuando el médico finalmente entró al consultorio, se quedó callada, atenta, esperando ansiosa que se cumplieran todas mis predicciones.

Lamentablemente, este bienintencionado médico lanzó una rutina de comedia y magia, haciendo zumbar la linternita de bolsillo por todos lados como si fuese una luciérnaga para tratar de distraerla, diciéndole: "¡Veo un pajarito en tu oído!", y luego mirando lo que necesitaba para el examen sin decir nada, como en secreto.

Mi bebé estaba desconcertada. Yo moderaba. Le decía lo que en verdad estaba haciendo el médico, de manera que ella pudiera seguir interesada y participando lo más posible, aunque sea mentalmente. Es un buen médico, pero tiene una visión de los niños común: que no se les puede confiar la verdad y se los debe entretener o engañar para distraerlos, así él puede hacer su trabajo.

Por suerte, mi hija disfrutó su primera experiencia en el consultorio médico lo suficiente como para querer volver. Reaccionó con un interés similar a la hora de ponerse un babero gigante en la peluquería y sentir el chasqueo de las tijeras cortándole el pelo. Además, siempre esperaba ansiosa el turno en el dentista, aunque tenía que mantener la boca abierta durante un buen rato.

Por supuesto que a mis hijos les gusta cuando les regalan un chupetín, un cepillo de dientes nuevo o una calcomanía que diga "Tengo dientes geniales". Sin embargo, hace mucho llegué a la conclusión de que la preparación sincera que llevó a su participación activa en esas experiencias tempranas con el médico, el dentista y el peluquero es la razón por la cual a mis hijos les sigue gustando ir a estas citas.

O quizá simplemente sean niños raros.

11.

Cómo calmar al niño "pegajoso"

Es bueno sentirse necesitado, pero al llegar a ser padres nos damos cuenta de que *en verdad* nunca supimos qué quiere decir "necesitado". Como señaló acertadamente Magda Gerber, ser padres trae consigo un sentimiento de "deslibertad", nos encontremos en la presencia de nuestros hijos o no.

Hacia el final del primer año de vida (cuando el niño se vuelve más consciente de la separación de sus padres), y regularmente durante los primeros años, los cuidadores primarios a menudo nos volvemos el único objeto de deseo de nuestro hijo.

Los períodos pegajosos tienden a coincidir con el momento en que el niño se encuentra avanzando en su desarrollo hacia la independencia (como cuando aprende a caminar). A veces ocurren cuando enfrenta nuevas situaciones o transiciones (por ejemplo, cuando la mamá está embarazada). Si bien esto es comprensible, no deja de ser sumamente asfixiante, frustrante y la razón de sentimientos de culpa cuando nuestra adorable atadura no puede dejarnos fuera de su vista durante siquiera un segundo.

Cuando los bebés tienen entre 9 y 12 meses, los padres en mis clases suelen compartir un argumento común y revelador: "No tengo más que ir al baño un minuto o darme una ducha para que mi bebé grite y llore sin consuelo. ¿Qué debería hacer?". No cabe duda de que esas madres sienten una angustia tremenda por hacer pasar tal agonía a su bebé, pero luego resulta que el bebé no estaba solo. Estaba con su papá, que lo adora. Mmm...

No pretendo restar importancia a las emociones infantiles, pero ¿el bebé tiene una necesidad desesperante? ¿O se trata de la expresión saludable de su voluntad en desarrollo? Sea como fuese, la situación es difícil para el bebé, la mamá y el papá.

Mis sugerencias para aliviar la ansiedad general y preparar a todos para las situaciones en que los niños se sienten pegajosos:

Aliente la autonomía. La manera en que percibimos a nuestro hijo lo influencia profundamente. Mientras que algunos especialistas utilizan el término "incapaz" para referirse a los recién nacidos, Magda Gerber hizo una distinción aparentemente menor, pero importante: el bebé es *dependiente*, no incapaz. Ella creía que el bebé es de por sí capaz si lo dejamos serlo, y he visto esto confirmado miles de veces. Magda lo llamaba "confianza básica" en el bebé, y es la clave de su enfoque.

Una de las cosas que la mayoría de los bebés puede hacer (y parece disfrutar) es pasar tiempo solos persiguiendo sus propios intereses. Es probable que en principio lo notemos al ver a nuestro recién nacido despierto, mirando alrededor durante un rato antes de indicar que nos necesita. Se siembran delicadas semillas de independencia cuando nos abstenemos de colmar al bebé de amor en estos momentos y simplemente observamos en silencio. Si le damos algunos minutos aislados así en un lugar seguro, estos pueden extenderse a períodos cada vez más largos para que el bebé esté solo consigo mismo: momentos para explorar, aprender, crear y comunicarse con "sí mismo". Otorgarle al niño este tiempo y espacio ininterrumpidos desde el principio, sin jamás forzarlo, promueve una autonomía saludable.

Este poquito de independencia no elimina la ansiedad por la separación ni el ser pegajoso, pero sin duda parece disminuir la frecuencia, intensidad y duración de los episodios. Esto tiene sentido, ya que el niño que ha experimentado la autonomía tiene el conocimiento inexorable de que puede estar solo durante un tiempo de lo más bien.

No exagere. Los bebés son conscientes e impresionables, lo cual significa que reciben mensajes de nosotros constantemente mediante nuestras respuestas y nuestro comportamiento. Por ejemplo, si el bebé está intentando darse vuelta y en seguida nos precipitamos y lo damos vuelta o lo alzamos en cuanto oímos que le cuesta, el bebé creerá que es incapaz de superar hasta las pruebas más pequeñas por sí mismo.

Por otro lado, si nos sentamos al lado de él, nos agachamos para estar a su altura, reconocemos sus sentimientos y esfuerzos, esperamos un poquito y luego —si continúa llorando— le preguntamos si quiere un abrazo a upa, el bebé recibirá un mensaje igual de cariñoso, pero mucho más potenciador de autonomía. A menudo, una vez que se lo ha escuchado y comprendido, preferirá seguir perseverando en su tarea.

Estos mensajes que transmitimos a nuestros hijos se van sumando para hacer que se sientan seguros y competentes o dependientes de nuestros poderes mágicos para rescatarlos.

Sepárese con confianza. Lo mismo sucede aquí; los niños son muy sensibles a nuestros sentimientos. Si nos sentimos ambivalentes, afectados, culpables, etc. por dejarlos en un lugar seguro durante el período de separación, las probabilidades de que nuestro hijo nos deje ir sin complicaciones son muy pocas. Si nosotros mismos no estamos seguros, ¿cómo va a estarlo nuestro hijo?

Por esta razón, recomiendo **siempre** decirle a su hijo cuando está por marcharse (irse a escondidas crea mucha más ansiedad y desconfianza), y hacerlo con cariño, certeza y la confianza de que él es perfectamente capaz de manejar la situación. "Voy al baño y regreso en cinco minutos". Si se acuerda, siempre es mejor evitar el "¿sí?" o "¿está bien?" al final, ya que implica incertidumbre o la necesidad de tener el permiso del niño. Si el niño llora cuando usted se está yendo, reconózcalo: "Te oigo. No quieres que me vaya, pero voy a regresar".

No trate de que el niño haga a un lado sus sentimientos. Reconozca los sentimientos de su hijo sobre la separación sin juzgar en lo más mínimo diciendo cosas como "¡Pero estuve jugando contigo toda la mañana!". Acéptelos plenamente. Anime al padre o la persona que se quede a cargo del niño a apoyarlo en su dolor por la pérdida temporal durante todo el tiempo que necesite, asegurándole al mismo tiempo que "Mamá regresará". Pídales que no lo distraigan, ni le digan "Shhh", "Está bien" o "No te preocupes, no pasa nada". Simplemente que sigan reconociendo los sentimientos, escuchando, ofreciendo apoyo y abrazos si el niño lo desea. Los sentimientos del niño son válidos y deben ser tratados como tales.

Dé al niño oportunidades que le permitan desarrollar la confianza como para poder separarse (y regresar a su base segura). Esto es lo que suelo recordar a los padres en mis clases, sobre todo cuando están preocupados porque su hijo les está encima y no va a jugar: casi siempre somos nosotros quienes iniciamos la separación con nuestros hijos. Los niños también necesitan que se confíe en ellos para separarse y volver según lo consideren necesario. (Según la teoría del apego de John Bowlby, tener confianza en nuestros hijos para que puedan experimentar esto es esencial en la formación de apegos seguros).

Pero la separación iniciada por el niño no se puede producir si lo seguimos a todos lados. Esta es una de las razones por las cuales en los cursos de orientación RIE para padres e hijos recomendamos a los padres que busquen un lugar para sentarse y no se muevan de ahí. Cuando seguimos al niño en situaciones de juego seguras como estas, el mensaje que le enviamos es que no lo creemos capaz de estar separado de nosotros. Quizá lo hagamos porque creemos que debemos mostrarle a nuestro hijo cómo jugar (no se preocupe, no es necesario). ¿O será que somos nosotros a quienes nos cuesta separarnos?

Quedarse en un lugar es importante en situaciones grupales, porque así el niño sabe exactamente dónde estamos, lo cual lo libera para separarse con confianza cuando está preparado.

Acepte sin reparos el hecho de que está pegajoso. Yo aconsejo nunca resistirse cuando el niño está pegajoso. Claro que hay momentos en los que necesitamos (o queremos) separarnos, lo cual es saludable y positivo. Las necesidades y los límites de los padres constituyen una parte integral de la relación entre padres e hijos. El cuidarnos a nosotros mismos (aun cuando nuestro hijo no está de acuerdo) y sentirnos seguros de eso es vital para el vínculo con él.

Luego están esos momentos en el grupo de juego, el parque, una fiesta o incluso en casa cuando quizá teníamos la *expectativa* de que nuestro hijo fuera a jugar o socializar y, sin embargo, está pegado a nosotros. Libere esas expectativas o deseos; deje que el momento pegajoso fluya. De hecho, recíbalo con los brazos abiertos. No entretenga al niño, solo deje que se siente con usted y observe. Tratar de persuadirlo, redirigirlo o señalar todos los niños y juguetes maravillosos con los que él podría estar jugando solo intensifica su deseo de estar encima.

Cuando confiamos en que nuestro hijo necesita estar cerca y le ofrecemos la certeza de que no nos resistimos a esto para nada, la ansiedad de la separación afloja.

Por tanto, siempre que sea posible ceda incondicionalmente. Abrace a su niño e intente imaginar el día que ya no quiera pasar tiempo en su falda (o casi no quepa en ella). En fin, mejor no hablemos de eso.

12.

Una palabra mágica para la crianza (y diez maneras de utilizarla)

Magda Gerber alababa el poder de una palabra que es fundamental para su filosofía del cuidado de los niños. Esa palabra refleja una convicción básica en las habilidades naturales del bebé, respeta su ritmo de desarrollo único, y satisface su necesidad de experimentar el dominio de habilidades, ser capaz de resolver problemas de manera creativa y expresar sus sentimientos (aun aquellos que nos resulta difícil presenciar).

Esa palabra es una herramienta simple y práctica para comprender a los bebés, así como para brindar amor, atención y confianza a seres humanos de todas las edades. La palabra es ESPERE, y funciona de la siguiente manera:

Espere a que se desarrollen las habilidades motoras del bebé o niño pequeño; el mismo principio se aplica para aprender a ir al baño, hablar y otras habilidades de la edad preescolar. Note la satisfacción, el bienestar y el orgullo del niño cuando le muestra las cosas que es capaz de hacer porque está listo, en lugar de ser al revés. Como solía decir Magda, "Están preparados para hacer algo cuando lo hacen". El bebé que está preparado lo hace mejor (mmm, me pregunto si esto podría ser una calcomanía para el paragolpes), y se siente totalmente responsable de sus logros, con lo cual desarrolla la confianza en sí mismo, que le durará de por vida.

Espere antes de interrumpir. Dé al bebé la oportunidad de continuar lo que está haciendo, de aprender más sobre lo que le interesa, de desarrollar un período de concentración más largo y llegar a ser un autodidacta independiente.

Cuando esperamos mientras un recién nacido mira fijo al techo y le permitimos continuar con lo que pensaba, lo estamos alentando no solo a seguir pensando sino también a confiar en sus instintos. Absténgase de interrumpir siempre que pueda; esto da a su hijo el mensaje de que usted valora la elección de actividades de él (y por lo tanto a él).

Espere para resolver problemas y dé lugar para que su hijo viva el esfuerzo y la frustración que favorecen la resiliencia y que normalmente preceden a los logros. Primero espere a ver qué es capaz de hacer el niño por sí mismo.

Cuando un bebé lucha para darse vuelta de boca arriba a boca abajo, trate de calmarlo con palabras suaves de aliento antes de intervenir e interrumpir su proceso. Luego, si la frustración aumenta, levántelo y dele un descanso en lugar de darlo vuelta y "solucionar" el asunto.

Esto alienta al bebé a intentar una y otra vez hasta finalmente lograrlo, en lugar de creerse incapaz y esperar que los demás lo ayuden. Se aplica al desarrollo de las habilidades motoras, las dificultades con muñecos, rompecabezas y aparatos, e incluso a la capacidad de calmarse solo, por ejemplo, al dejarlo que encuentre el pulgar en lugar de darle un chupete.

Espere el descubrimiento en lugar de mostrarle a un niño su juguete nuevo y cómo funciona.

"Cuando se le enseña algo a un niño, se le quita para siempre la oportunidad de descubrirlo por sí mismo".

– Jean Piaget

Espere y observe para ver realmente qué es lo que el niño está haciendo antes de apresurarse a sacar conclusiones. Puede ser que un bebé que se estira hacia un juguete esté satisfecho con estirar el brazo y los dedos, sin esperar lograr algo. Asimismo, es posible que un niño pequeño que mira a través de las puertas de vidrio corredizas esté practicando estar parado o disfrutando la vista, y no necesariamente con ganas de salir.

Espere a que se resuelva el conflicto y ofrezca al bebé la oportunidad de resolver problemas con sus pares, lo cual normalmente hacen sin inconvenientes si mantenemos la calma y tenemos paciencia. Además, lo que puede parecer un conflicto para un adulto es simplemente "jugar juntos" a los ojos de un bebé o niño pequeño.

Espere a que el niño esté listo antes de introducir nuevas actividades, de manera que pueda ser un participante activo, aproveche con más ganas y

Janet Lansbury

confianza las experiencias, comprenda y aprenda mucho más.

Es difícil esperar para compartir nuestras propias experiencias emocionantes de la niñez (como los espectáculos, los parques de diversiones o las clases de danza) con nuestros hijos, pero antes casi nunca es mejor, y tener paciencia siempre rinde sus frutos.

Espere a entender mejor qué necesita el bebé cuando llora. Cuando seguimos el impulso que tenemos la mayoría de apaciguar las lágrimas de nuestro hijo lo antes posible, podemos terminar proyectando y presuponiendo necesidades en lugar de verdaderamente comprender lo que está comunicando.

Espere a que se hayan expresado los sentimientos, de manera que nuestro hijo pueda procesarlos por completo. Los llantos de nuestro hijo pueden despertar nuestras propias emociones reprimidas; nos pueden poner impacientes, irritados, incómodos e incluso enojados o temerosos. Pero él necesita que aceptemos sus sentimientos sin hacer juicios de valor, y necesita también nuestro aliento para poder procesarlos por completo.

Espere a que su hijo sugiera ideas antes de ofrecer las suyas. Esto lo anima a ser un pensador paciente y capaz de aportar ideas. Muchísimas veces he experimentado el milagro de esperar antes de aportarles mi brillante granito de arena cuando jugaban o de darles ideas de juegos cuando parecían aburridos. En general lo único que hace falta para que al niño se le ocurra algo es morderse la lengua por unos minutos, y quizá decir unas palabras de aliento, como "A veces es difícil saber qué hacer, pero tú eres creativo, sé que se te ocurrirá algo". Y no cabe duda de que ese algo será más imaginativo, interesante y adecuado que cualquier sugerencia que se nos hubiese podido ocurrir a nosotros.

Por sobre todas las cosas, el niño recibe afirmaciones espectaculares:

1) Soy un pensador creativo, capaz de resolver problemas.
2) Puedo sobrellevar la incomodidad, las dificultades y la frustración.
3) El aburrimiento no es más que el tiempo y espacio entre las ideas (y a veces una fuente inagotable de ideas brillantes).

Los instintos posiblemente nos digan que esperar equivale a no ser afectuoso o servicial y debilita la confianza de los niños... hasta que los resultados están a la vista. A menudo, sentarse con paciencia y observar parece contrario al sentido común; por eso aun si conocemos y valoramos la magia que puede ocurrir cuando esperamos, por lo general necesitamos un esfuerzo consciente. Pero vale la pena.

13.

Dejar que su pequeño triunfe

El aula para los padres y niños pequeños está arreglada con juguetes simples, plataformas, estructuras para trepar y objetos domésticos comunes. Una mañana decidí incluir un frasco de plástico blanco con una tapa a rosca ancha. Dentro puse varios eslabones de una cadena de plástico y —más tarde me daría cuenta— la apreté un poco de más al cerrarla.

Los padres y niños comenzaron a llegar; saludé a Josefina, una niña de 20 meses, que por primera vez venía acompañada de su tía Lisa. Después de las presentaciones, los padres se acomodaron y los niños comenzaron a jugar.

Josefina empezó a llevar objetos a su tía, una práctica común de la edad. Primero le dio un perro de peluche y Lisa lo giró sobre su falda para que quedara mirando a Josefina. Luego la niña entregó a su tía unos anillos que estaban enganchados juntos. Lisa los separó. A continuación Josefina le llevó un autobús de juguete y Lisa lo hizo andar en el piso. Este patrón se repitió y la tía, con ánimo de congeniar y participar del juego, respondió a cada juguete con una acción nueva iniciada por ella.

Al jugar cuando recibía algo de Josefina, aun de esta manera sutil y bienintencionada, Lisa puso a la niña en el papel de público en lugar del de actriz.

A los adultos les cuesta ver con qué facilidad sus acciones pueden ser dominantes cuando juegan con un niño. Cuando un adulto hace algo más que solo responder a lo que hace el niño, la interacción expresa los intereses del adulto en lugar de los del niño. Mientras los otros niños exploraban, Josefina miraba a su tía.

Yo esperaba que el foco de atención de Josefina cambiara durante el tiempo de observación silenciosa. Recordé a los adultos que durante diez o quince minutos trataríamos de vaciar la mente de expectativas y proyecciones, y simplemente observaríamos a los niños con la mayor objetividad posible. Agregué que solo deberíamos interactuar con un niño si él iniciaba la interacción, pero que debíamos mantener nuestras respuestas al mínimo de manera de no captar demasiado su interés.

Cuando las personas a cargo realizan este tipo de observación adquieren una valiosa percepción sobre la mente del niño. Observar a un niño que está absorto en la exploración de su entorno, interactuando con sus pares y experimentando con actividades que crea él mismo puede ser revelador, e incluso asombroso. Si una imagen vale más que mil palabras, una demostración en vivo vale un millón, en el sentido de que nos ayuda a comprender a nuestro hijo y sus necesidades.

Cuando Lisa dejó de jugar con Josefina y simplemente aceptaba con gentileza los objetos que le llevaba, la niña comenzó a explorar por sí misma. Llevó el autobús a una caja grande llena de pelotas de distintos tamaños y puso a prueba su capacidad de conducir por los baches dentro de la caja durante varios minutos. Finalmente pasó a otro juguete.

Mientras yo observaba a otro niño, Josefina parece que descubrió el frasco que yo había puesto en uno de los cubos de madera grandes. Vi que se lo llevaba a Lisa mientras oía el ruido de los eslabones adentro. Se lo extendió a su tía sosteniéndolo con ambas manos y temí lo peor. Sin duda, Lisa con su buen corazón no podría resistir abrirle el frasco. "No se lo abras, por favor", le supliqué. "Confía en mí".

Lo que sucedió después me hizo estallar de la risa. En respuesta al pedido que hice a Lisa de no abrir el frasco, Josefina se dio vuelta y me clavó los ojos como con una furia indignada, aunque es probable que solo fuera sorpresa. Finalmente, volvió a mirar el frasco, que ahora estaba en manos de su tía, pero no intentó abrirlo. No parecía frustrada. Tiene dos hermanos más grandes y quizá estaba acostumbrada a que otros le resolvieran los problemas, razón especial por la cual yo esperaba que se viera alentada a tomar más iniciativa.

Sin embargo, se le acabó la oportunidad de experimentar con el frasco cuando Emilia, una niña que había comenzado las clases hacía poco, se acercó a Josefina y se apoderó de él. Emilia le llevó el frasco a su papá, quien asistía por segunda vez; parecía confiada en que él solucionaría el problema.

Antes de que el padre pudiera hacer algo, dije: "Le pediste a tu papá que lo abriera. No creo que pueda". El papá, Julián, me miró con una sonrisa de complicidad inquieta. Yo moví la cabeza indicando que no y sonreí ligeramente. Deseaba haber podido decir algo más sincero a Emilia sobre la capacidad del papá para abrir frascos, pero en mi firme deseo de hacer que él resistiera su pedido, se me había escapado una mentirita blanca.

Julián sostuvo el frasco, pero no lo abrió, aunque me di cuenta de las ganas que tenía de hacerlo.

A esta altura, había pedido a dos adultos que fueran en contra de sus instintos cuando habían querido ayudar a un niño, y me encontré en una situación precaria. Si el experimento no tenía un final feliz, terminaría con una tortilla en la cara. Pero me consolé al notar que Emilia, al igual que Josefina, no estaba molesta en lo más mínimo; parecía desconcertada por la extraña manera en la que actuaban los adultos, aunque para nada desalentada. Intentó desenroscar la tapa mientras su padre sostenía el frasco; luego me lo trajo a mí.

El gesto de Emilia me tranquilizó, ya que si bien aún me sentía como la villana del aula, recordé cómo Magda Gerber decía que cuando un niño pequeño te entrega algo es una indicación de que confía en ti. "¿Me pides que sostenga el frasco?", le pregunté.

Mientras yo sostenía el frasco, Emilia hizo otro intento de girar la tapa. "Estás tratando de abrir la tapa. Es difícil de abrir". Luego con el dedo toqué *discretamente* el lado de la tapa que estaba contra mí para aflojarlo un poquitín. Cuando Emilia volvió a intentar pudo desenroscar de a poco la tapa y abrir el frasco. Me miró al instante y yo dije con una sonrisa: "Lo abriste". Unos momentos después Emilia volvió a poner la tapa y luego la volvió a abrir sola.

Los niños necesitan la oportunidad de resolver problemas solos. Los padres pueden crear esta oportunidad (en lugar de arrebatársela) al resistir el impulso automático de "abrir el frasco".

Claro, abstenerse de ayudar a un niño parece ir en contra del sentido común. Sin embargo, cuando ayudamos a un niño a hacer algo que quizá pueda hacer solo, lo estamos privando de una experiencia de aprendizaje vital, entonces en el fondo no es ninguna ayuda.

Los niños ven a los adultos como seres mágicos y todopoderosos. Cuando intervenimos en toda lucha de nuestro hijo y le resolvemos todos los problemas, reforzamos esta visión. En cambio, si los padres y otras personas a cargo creen en las capacidades del niño, y si lo dejan trabajar para resolver las cosas e incluso dar lugar a la frustración y el "fracaso", entonces el niño nos demostrará que, de hecho, es capaz de más de lo que nos imaginábamos.

14.

El poder terapéutico del juego

El ejemplo más esclarecedor del juego terapéutico que he oído es una historia que contó Magda Gerber. La habían invitado a visitar una guardería y, mientras recorría la salita de los más pequeños con la directora, notó que uno de los niños sostenía una cuchara y colocaba la punta en el orificio de la cola de un muñeco.

La directora también lo notó y corrigió al niño: "No, eso va en la boca". Para demostrarle, le sacó la cuchara y la acercó a la boca del muñeco. Cuando retomó la conversación con Magda, el niño volvió a hacer lo que estaba haciendo. Una vez más, la directora lo detuvo para corregirlo.

Era ya tarde y los padres comenzaron a llegar. La madre del niño fue una de las primeras. Alzó a su hijo y, cuando salía, se detuvo para decirle a la directora: "Esta mañana me olvidé de decirle que ayer en el médico le tuvieron que hacer un enema a Juancito, pobre. No le gustó *ni medio*".

Millares de estudios prueban los beneficios impresionantes del juego y, como demuestra la experiencia de Magda, uno de los más profundos es su utilización como herramienta natural y poderosa de autoterapia.

Los niños utilizan el juego de manera instintiva para procesar tanto el estrés ambiental como el conflicto interno. La terapia del juego los ayuda a comprender hechos confusos o molestos a los que puedan haber estado expuestos; también aplaca la preocupación y el miedo. Es especialmente valioso en los primeros años, antes de que puedan verbalizar sus sentimientos. Los niños "representan" los sentimientos perturbadores cuando no pueden decirnos qué les sucede o preguntarnos "¿Qué es eso?" o "¿Por qué?". Algunas sugerencias para alentar la terapia del juego:

1. Olvídese de las opiniones, las expectativas y las intenciones para el juego. Deje que el juego pertenezca a su hijo. En lugar de interferir (como hizo la directora en el ejemplo de Magda), permita que al jugar su hijo sea el dramaturgo, el director y el actor principal. Usted confórmese con el diseño de escena: cree un ambiente seguro y enriquecedor con objetos y juguetes simples de posibilidades de uso infinitas donde su bebé pueda explorar y experimentar. Luego permita que lo descuartice y lo vuelva a diseñar como quiera. Jamás interrumpa innecesariamente.

2. Siempre que sea posible, organice el juego afuera. Cree un espacio cercado y al aire libre, con una silla y una mesa donde usted pueda sentarse (y tal vez hasta trabajar un poquito) mientras el bebé disfruta de los beneficios terapéuticos del aire fresco y la naturaleza. Cuando el tiempo esté lindo, organice su vida afuera. Los niños dormirán mejor, jugarán mejor y hasta comerán mejor. Como señaló una amiga mía: "La comida sabe mejor afuera".

3. Promueva el hábito del juego por iniciativa propia. El juego es una tendencia natural para los bebés y les encanta, pero nos corresponde a nosotros comenzar el hábito, es decir, convertir el juego en una parte indispensable de su día.

El bebé puede hacernos saber (y lo hará) cuando necesita estar en brazos, pero es casi imposible para un bebé de meses decir: "Me gustaría tener un ratito para moverme con libertad y hacer lo que quiera". Y *hacer lo que quiera* es la clave para la terapia del juego.

Empiece por colocar al bebé boca arriba y observe su respuesta. Si el bebé se queja, hágale saber que lo está escuchando; pregúntele qué necesita y si quiere que lo levante. No se precipite. A veces, al igual que todos nosotros, el bebé solo quiere que lo escuchemos y tratemos de entenderlo.

Los momentos breves de este tipo de "juego" en que su bebé quizá mire alrededor, se estire, gire, experimente con el funcionamiento de sus extremidades y estudie sus manos fascinantes se extenderán a períodos más largos. En poco tiempo, el juego por iniciativa propia del bebé pasará a ser el momento más memorable del día que pasan juntos.

4. Observe, aprenda y valore. La mayoría del juego terapéutico es mucho menos evidente que el ejemplo del niño y la cuchara, en especial antes de que los niños puedan hablar. Por lo general, pasa inadvertido para nosotros, como algo sin importancia. Nos preguntamos qué estará procesando nuestro bebé, o si está procesando algo, y seguirá siendo un misterio.

Sin embargo, dado que el nacimiento mismo es estresante, es posible que hasta los bebés más pequeños tengan problemas que resolver. Pulir nuestra habilidad de observación nos ayudará a detectar los ejemplos más sutiles.

En una clase reciente, una niña de 16 meses hizo algo que nunca antes había visto. Hacía poco había tenido una hermanita y estuvo separada de su mamá durante varios días debido a complicaciones del parto. En la salita de juego RIE tenemos una hilera de tres cajones de madera. Uno de ellos tiene un pequeño agujero redondo en la parte superior. La niñita tomó la muñeca bebé más grande y logró pasarla por el agujero, lo cual no fue fácil. Y sin embargo, lo hizo una y otra vez.

Mmm…

15.

Siete mitos que desalientan el juego independiente

El valor del juego por iniciativa propia del niño es reconocido universalmente y representa uno de los pocos aspectos de la crianza en el que los especialistas concuerdan. El juego independiente hace que los niños se ocupen con cosas que los hacen felices y que sean muy productivos, lo cual a su vez da como resultado padres más felices y serenos. Además es natural; el deseo y la capacidad de crear juego son innatos. Entonces, ¿qué puede salir mal?

A menudo los padres me cuentan las dificultades que tienen para establecer el hábito del juego independiente en sus hijos. Me dicen que el bebé llora cuando lo ponen en el piso, que el niño de 22 meses no quiere jugar a no ser que uno de los padres juegue con él, o que el de 3 años y medio necesita que se lo entretenga y se lo dirija constantemente.

La mayoría de estos problemas surgen a partir de conceptos erróneos acerca del juego independiente (que yo también tenía):

Mito sobre el juego N.º 1: El bebé no puede hacerlo.

Janet Lansbury

"La infancia es una etapa de gran dependencia. Sin embargo, desde el principio se le debe permitir al bebé hacer cosas por sí mismo".

– Magda Gerber

Tal vez la diferencia más notable entre el enfoque Educaring (de "educuidado") de Magda Gerber y otras metodologías de crianza es su desacuerdo con la percepción común del bebé como una criatura incapaz. Magda creía que, sin duda, los bebés son dependientes, pero no incapaces. Tanto ella como su mentora, la Dra. Emmi Pikler, consideraban hasta al bebé más pequeño como un autodidacta capaz, que puede iniciar el juego y actividades de exploración, experimentar el dominio de esas situaciones, relacionarse directamente con su entorno y participar en alianzas de comunicación de una mente a otra con sus cuidadores.

Una serie de investigaciones sobre el cerebro realizadas por psicólogos como Alison Gopnik, Elizabeth Spelke y Paul Bloom confirmaron (finalmente) las opiniones de Gerber y Pikler. Ahora está comprobado que la mente del bebé se encuentra en funcionamiento.

Sin embargo, este bebé capaz y competente no se corresponde con el bebé pasivo e incapaz que concibieron el Dr. William Sears, el influyente escritor Jean Leidloff y otros. En su difundido modelo, basado en prácticas ancestrales, el bebé depende de las personas a cargo de su cuidado para entretenerse y educarse, y necesita contacto físico casi constante para sentir una conexión. Este enfoque hace hincapié en la importancia de llevar al bebé en brazos o en un portabebés durante la mayor parte del día.

Fomentar el hábito del juego libre requiere una percepción y un foco bastante distintos: crear un espacio de juego seguro y confiar en que el bebé iniciará actividades independientes que valen la pena. Por supuesto, el bebé necesita muchísimos mimos y atención en brazos, pero en el modelo de Gerber también necesita el juego. Ella observó que los bebés pueden indicar claramente cuando necesitan que se los tenga en brazos; lo que no pueden hacer es disfrutar del juego independiente hasta que *nosotros creamos* que tienen algo que hacer.

Mito sobre el juego N.º 2: Si un bebé llora cuando se lo pone en el piso, debe ser que no le gusta jugar. La mejor manera para que el bebé comience a jugar libremente es boca arriba, porque es la posición en la que tiene más libertad, autonomía y movilidad (pruebe usted de ponerse boca abajo y luego boca arriba para darse cuenta).

Cuando los padres me dicen que su bebé llora en cuanto lo acuestan boca arriba, por lo general esto se debe a una de las siguientes razones:

a) Se acuesta al bebé de manera abrupta o sin una palabra. El bebé capaz (es decir, dependiente, pero no incapaz) es una persona completa, y necesita ser nuestro aliado en la comunicación. Necesita que se lo escuche y también se le hable con respeto sobre lo que vamos a hacer con él: "Ahora voy a ponerte en la mantita para que juegues". Luego supongamos que el bebé llora: "Ah, ¿no estabas listo?". Después uno de los padres puede recostarse al lado del bebé y acariciarlo: "¿Te pareció demasiado rápido eso? Estoy aquí contigo".

Si el bebé sigue llorando, hay que levantarlo, pero se puede quedar en la falda del padre a cargo hasta que se tranquilice y se sienta lo suficientemente cómodo con el entorno para otro intento de juego.

b) El bebé está acostumbrado a que lo lleven en brazos, lo apoyen contra algo o lo acomoden en posición de sentado. Los niños pequeños son adaptables, pero normalmente prefieren hacer lo que están acostumbrados a hacer. En un mundo completamente nuevo, los bebés buscan lo familiar, que es entendible, y desarrollan hábitos con rapidez. Los hábitos como ser llevado en brazos o que se lo acomode en posición de sentado suelen transformarse en las "necesidades" del niño, aunque en realidad fueron creadas por las elecciones de los padres.

Desarrollar el hábito del juego libre también es una elección. Funciona mejor cuando los padres dan prioridad al juego ininterrumpido en el "tiempo libre" del bebé entre siestas y otras actividades en las que recibe atención, como el cambio de pañal o el momento de amamantar o tomar el biberón. Si los padres quieren hacer la transición de llevar al bebé en brazos (o en un portabebés), o apoyarlo contra algo en posición de sentado, a dejarlo jugar de manera independiente, la clave es introducir esta nueva experiencia de manera progresiva, con sensibilidad, paciencia y una comunicación sincera ("Qué distinto es esto, ¿no?").

c) El padre a cargo del bebé lo pone en el suelo e inmediatamente se va. A nadie le gusta sentirse abandonado. Por lo general, uno de los padres debe comenzar el juego sentado en el suelo sosteniendo al bebé y luego, una vez que se acuesta al bebé en el piso, quedarse allí un rato. Si el padre o la madre deciden dejar al bebé, deben decírselo; de no ser así, se corre el riesgo de socavar la confianza en los padres (y en el juego).

Mito sobre el juego N.º 3: Jugar significa "hacer" algo. A menudo el juego más rico y más productivo no parece gran cosa, ya que consiste en deambular, quedarse entretenido con algo, imaginar, soñar despierto o contemplar el panorama como un todo. Para alentar este tipo de juego debemos hacer lo siguiente: en primer lugar, valorarlo; en segundo lugar, observarlo; y en tercer lugar, no interrumpirlo. El secreto para no interrumpir es evitar hablarle al niño hasta que él nos mire a los ojos.

(Nota al margen: Un bebé que se encuentra feliz con lo que está haciendo no se siente desatendido por el hecho de que los adultos no lo entretengan, incluso si han pasado varios minutos. Confíe en su bebé; él sabe bien cómo pedir atención).

Mito sobre el juego N.º 4: Las áreas de juego con puertas de seguridad son cárceles restrictivas. Un espacio seguro es esencial para promover el juego independiente. El bebé que ronda suelto y sigue a los padres para todos lados, aun en las casas más seguras para los pequeños, no se concentra tan bien en el juego ni se siente tan libre como el bebé en un área segura. El juego independiente requiere un espacio libre de los "no", así como padres relajados y confiados que no interfieran con el fin de brindar la base segura que necesitan los pequeños exploradores.

Mito sobre el juego N.º 5: El juego independiente significa dejar al niño solo. Uno de los tantos aspectos positivos del juego independiente es que, una vez que se lo establece en un espacio seguro, el niño entretenido y contento por lo general puede quedarse solo durante un breve período mientras los padres se ocupan de sus quehaceres, van al baño, miran su correo, etc.

No obstante, el juego por iniciativa propia del niño que es más valioso se fomenta cuando aprendemos un nuevo modo de disfrutar el juego *con* nuestros hijos; se trata principalmente de observar y responder, y no tanto de participar de manera activa. Es natural querer interactuar, pero la participación de los padres tiene una tendencia a tomar las riendas. Cuanto más juguemos nosotros, más nos seguirá o copiará nuestro hijo, en lugar de crear e iniciar sus propios planes.

A menudo los padres me preguntan qué pueden hacer para desacostumbrar a los niños de las dependencias en el juego que ellos han creado sin querer. En general, el proceso consiste, primero, en creer que nuestro hijo es capaz y aceptar que el "no tener nada que hacer" (así como la frustración de nuestro hijo al respecto) está perfectamente bien. Luego tranquilizarse, quedarse donde está y dejar que el niño decida explorar y volver a usted.

Mito sobre el juego N.º 6: Cuando el niño se siente frustrado o pide ayuda, debemos resolverle el problema. Por más tentador que resulte resolver situaciones de nuestro hijo que solo nos llevan dos segundos, lo alentamos mucho más cuando damos cabida a la frustración, le ofrecemos apoyo verbal, no nos aferramos a los resultados (algo que al niño muchas veces no le importa tanto como a nosotros) y le ofrecemos quizá una pequeñísima ayuda, de manera que él haga mucho más que nosotros.

Cuando el niño pida ayuda, refleje lo que le pide y luego haga preguntas: "¿Así que quieres dibujar un perro? ¿Qué tipo de orejas quieres que tenga? Ah, ¿las que son paraditas? Muéstrame tú cómo son". Incluso puede recurrir a que el niño le mueva la mano mientras usted sostiene el lápiz, pero haga todo lo posible para que sea su hijo el responsable del juego, lo cual también significa permitir que algunas actividades queden sin terminar.

Mito sobre el juego N.º 7: Jugar con el niño y entretenerlo es nuestro deber. Sin duda aquí hay algo de verdad. Fortalecer el vínculo con nuestros hijos mediante actividades divertidas es una de nuestras responsabilidades, pero si hemos alentado al niño a que le encante el juego independiente, el tiempo de jugar juntos nunca parece un quehacer, en especial una vez que hemos descubierto el placer de tomar un papel secundario y confiar en que nuestro hijo tome el principal.

A medida que mis hijos han ido creciendo, una invitación a jugar con ellos representa un agasajo tan raro y querido que con gusto dejo lo que esté haciendo. Ahora que lo pienso, ¡a menudo soy yo quien lo pide!

16.

Cómo fomentar en el bebé los hábitos alimentarios sanos

Si somos lo que comemos, ¿no somos también un producto de la *manera* en que comemos?

Como padres primerizos y ocupados, por lo general nuestro primer foco es la mecánica de la lactancia o alimentación con biberón, lo cual viene seguido de las complejidades de introducir sólidos: cuándo comenzar, qué comidas, en qué orden, cuánto y cómo brindar la mejor nutrición.

Al mismo tiempo, la mayoría de nosotros desea fomentar en sus hijos hábitos alimentarios saludables. Queremos hacer todo lo posible para evitar trastornos de la alimentación, la obesidad infantil, deficiencias vitamínicas e incluso los temas más sutiles con los que nos enfrentamos los padres, como el impulso de limpiar el plato o comer por razones emocionales.

Los seres humanos somos criaturas de hábito, y los primeros años de la vida de un niño son, por lejos, el momento más fácil para crear hábitos saludables. Algunas sugerencias de alimentación recomendadas por la especialista infantil Magda Gerber para ayudar a crear comportamientos alimentarios saludables:

Relájese, disfrute del momento de amamantar o de darle el biberón. Haga que la hora de comer sea un momento de concentración, íntimo, sin estrés. Vaya preparando el terreno para las cenas en familia mediante el énfasis en la intimidad y el intercambio social a la hora de comer. Cuando apagamos el teléfono, la computadora y la televisión y evitamos otras distracciones con el fin de hacer la alimentación sagrada, beneficiamos al bebé de varias maneras:

a) El bebé se reabastece con la atención cariñosa que recibe mientras amamanta o toma el biberón, para luego disfrutar del tiempo que pasa jugando de manera independiente.

b) El bebé aprende que la hora de comer es un momento para estar mentalmente presente en lugar de aprender a ignorar la experiencia como resultado de un padre distraído.

c) Por sobre todas las cosas, el bebé se siente respetado y valorado cuando se le pide participar de manera activa en la experiencia de comer con nosotros en lugar de que simplemente se le dé de comer.

Hace poco hablé con una madre que creía que no debía prestar atención a su hijo mientras amamantaba porque cada vez que le hablaba él paraba de tomar. Yo pensé: *"Qué buenos modales los de ese niño, ¡dejar de amamantar para escuchar lo que dice su mamá!"*. A mí me pareció que estaba haciendo todo lo posible por relacionarse.

Conéctese y asegúrese de no alimentar de más. Prestar atención al bebé mientras lo alimentamos también lo ayuda a desarrollar sus señales internas para indicar cuándo está satisfecho. Un reciente estudio citado en la revista *Science Daily* concluyó que "sintonizarse"

Janet Lansbury

resulta más fácil cuando amamantamos porque, según la investigadora Katherine F. Isselmann, quien realizó su maestría en salud pública: "... con la lactancia, no hay posibilidad de medir cuánto ha tomado un bebé en onzas, entonces la madre puede sincronizarse mejor y saber cuándo el bebé ha terminado de tomar, mientras que el bebé por su parte es capaz de desarrollar su propia señal interna cuando se siente satisfecho".

El mismo estudio comparó a niños de edad preescolar que tomaron el pecho con niños que tomaron biberón con leche de pecho, y encontró que los niños amamantados podían determinar con más facilidad cuándo estaban satisfechos; además, tenían un índice de masa corporal (IMC) más bajo que los niños alimentados a biberón.

Si alimentamos con biberón, debemos hacer un esfuerzo consciente de sincronizarnos con las señales del bebé y no estar tan concentrados en las onzas.

Tenga cuidado con la comida de consuelo. Alimentar al bebé cuando llora por una razón que no sea el hambre, así como recompensar o tranquilizar a los niños con comida, puede crear dependencias y conducir a un callejón sin salida. Lo ideal es que estos alimentos sean la excepción, no la regla.

Siempre estamos enseñando a nuestros hijos, y la lección más segura sobre la alimentación es beber cuando se tiene sed y comer cuando se tiene hambre.

Sirva porciones pequeñas y no pida un "último bocado". Al introducir alimentos sólidos, Magda Gerber sugería colocar una cantidad muy pequeña de comida en el plato del bebé (con un bol más grande cerca); de ese modo, en lugar de sentirse agobiado por la cantidad de comida, el bebé tiene la oportunidad de señalar si quiere más.

Queremos confiar en el bebé como responsable de su propio apetito, que si desea comer lo indique abriendo la boca cuando le mostramos una cuchara o un tenedor con comida. El enfoque persuasivo de "aquí viene el avioncito" o "uno más y listo" puede hacer que el bebé se alimente para complacernos, así como alentar el comer en demasía o hacer que la alimentación se transforme en una pelea de voluntades.

Para dar al bebé aún más oportunidad de participación activa a la hora de comer, ofrézcale una cucharla para que practique. Ahora, si la práctica se vuelve "jugar con la comida", desanímelo cariñosamente.

Sin sillita alta. Las sillitas altas se consideran un elemento esencial del cuidado del bebé; sin embargo, Magda enseñó un enfoque único para alimentar a los bebés sin ellas. El método de Magda conduce a la intimidad a la hora de comer y también alienta la independencia del bebé.

En dos palabras, si se introducen alimentos sólidos antes de que el bebé pueda sentarse bien y de manera autónoma —es decir, no apoyado o acomodado contra algo sino capaz de lograr la posición de sentado con facilidad por sí mismo—, con este método se alimenta al bebé en brazos, reclinado en la falda de uno de los padres que está sentado a la mesa.

Luego, cuando el bebé se sienta con facilidad de forma independiente, se puede hacer la transición a una mesita (por ejemplo, una de esas bandejas con patitas para tomar el desayuno en la cama, un banquito de madera con la parte superior nivelada, una de las fantásticas mesitas con forma de riñón que utilizamos en las clases de crianza RIE o algo que usted o su talentoso esposo carpintero puedan hacer). El bebé se sienta en el piso, luego más adelante en un banquito o una silla, y usted se sienta frente a él.

Los niños pequeños aman la independencia que tienen cuando se pueden sentar con los pies en el suelo. Asimismo, valoran la libertad de levantarse de la mesa para señalar que han terminado de comer en lugar de esperar a que se los saque de la sillita alta.

(Vea el video demostrativo en YouTube titulado: *Babies With Table Manners at RIE [Bebés con buenos modales en la mesa en RIE]*).

Sin tragar a las apuradas. Comer sentado, donde sea y cuando sea. Sentarse para comer, aun si solo se trata de un refrigerio en un área de pasto del parque, ayuda a prevenir ahogos; además, alienta el comer tranquilo y atento. También es indicación de buenos modales, en especial cuando estamos de visita en la casa de otra gente (a quienes probablemente no les agrade que quede un rastro de migas de galletitas).

Pedir a un niño que se siente cuando come es un límite de comportamiento sensato. No deje que su pequeño la engañe para que lo siga por donde vaya con comida en la mano. Cuando los bebés y los niños pequeños tienen hambre son perfectamente capaces de sentarse si somos claros y coherentes sobre nuestras expectativas.

Comer mientras se juega, jugar mientras se come. Ayude a que su hijo aprenda a mantener las actividades separadas con el fin de definir los horarios de las comidas y refrigerios como momentos para centrarse en la comida. Pedir a un niño que se siente (en lugar de trepar al pasamanos) mientras come es una manera de hacerlo; otra es sacar los juguetes de la mesa. Pida a su niño que por favor deje el juguete hasta haber terminado de comer.

No preocuparse. Los bebés, en especial cuando empiezan a caminar, no siempre comen como esperamos, y es fácil ponerse ansioso si parece que nuestro hijo no está comiendo lo suficiente, sobre todo si no está subiendo de peso normalmente. Claro está que debemos consultar con regularidad al médico que lo atiende y explorar posibles alergias, enfermedades o problemas digestivos. Pero a la hora de comer del bebé trate de tranquilizarse. Él siente nuestra tensión; entonces, en el corto plazo esto podría dificultarle el comer y más adelante podría contribuir a otros problemas.

Demuestre hábitos alimentarios saludables. Sabemos que uno debe hacer lo que predica, pero caray, nos *gusta* comer cuando estamos parados y a las corridas. Esta es otra instancia en la que nuestros bebés nos hacen mejores personas.

Solo el bebé conoce su propio apetito. Por ende, nuestro objetivo podría ser alentarlo para que se mantenga en sintonía, que siga escuchando a su barriguita y confiando en ella. Si se desarrollan comportamientos alimentarios saludables en estos primeros años formativos… todos podemos improvisar más adelante.

17.

Las mejores maneras
de alentar a los pequeños a que hablen

En primer lugar, aclaremos algo que traerá calma, o al menos eso espero: alentar al niño a que hable *no* requiere parlotear sin parar con el fin de exponerlo a la mayor cantidad posible de palabras (30.000 para los tres años es la cifra mágica, según algunos especialistas).

Si oye este consejo, no le preste atención, ya que su bebé tampoco lo hará.

Francamente, ¿se imagina algo más desalentador que alguien parloteando porque sí? Hasta nuestro devoto bebé, como audiencia cautiva que es, se desconectará (pues es incapaz de decir basta).

Por otro lado, es verdad que para estimular el desarrollo del lenguaje son importantes la calidad y la cantidad de palabras que decimos. Lo bueno es que ambas surgen de manera natural cuando percibimos al bebé como una persona completa: un comunicador capaz, listo para que se le informe de lo que sucede en su vida y que, a su vez, comparte sus pensamientos y sentimientos.

Una vez que comprendemos esta simple verdad e interactuamos de manera natural hemos dado en el clavo con las lecciones del lenguaje. Algunos consejos:

1. Establezca una comunicación bidireccional desde el principio. Desde el momento en que nace, nuestro bebé necesita saber que no solo le contamos lo que sucede ("Ahora te voy a alzar"), sino que también prestamos atención a las señales no verbales y escuchamos sus sonidos y llantos. Si no estamos seguros, esperamos antes de reaccionar. Preguntamos, le damos tiempo al niño a procesar nuestra pregunta, y luego escuchamos una vez más. Hacemos todo lo posible por comprender qué está comunicando el bebé.

Al principio, no siempre tendremos éxito, pero iremos mejorando con cada intento. En el ínterin, nuestro hijo recibirá un mensaje de profunda importancia: "Queremos que nos digas lo que necesitas y sientes. Creemos que eres capaz de comunicarte con nosotros y haremos todo lo posible por comprenderte".

Esto es vital. Solo nosotros podemos abrir esta puerta y recibir la comunicación de nuestro bebé con todo el corazón.

2. Utilice su voz auténtica y la primera persona. Muchos creen en la llamada "jerga maternal", así que entiendo que este tema es polémico, pero he aquí lo que yo he descubierto: hablarle al bebé con nuestra voz normal y auténtica (aunque un poco más lento) nos recuerda que estamos hablando con una persona completa. Es más fácil y las probabilidades de traer dolores de cabeza son menores (esto lo sé porque le hablo a mi perro en jerga maternal). Demuestra al bebé el lenguaje y el tono natural que queremos que adopten. Cuanto más oigan el lenguaje hablado correctamente, antes lo aprenderán e intentarán hablarlo.

Los niños perciben la falsedad a la legua. Los que conozco que no están acostumbrados a la jerga maternal sienten que se les falta el respeto y se los trata en forma condescendiente cuando se les habla de esta manera.

El uso de la primera persona en lugar de decir: "Mami ama a Juancito" es un detalle menor, pero es también otra forma de recordarnos a nosotros mismos conversar persona a persona con nuestro bebé. ¿Qué motivo hay para hablarle a un bebé o niño pequeño inmerso en el proceso de aprender el lenguaje de manera distinta de la que usaríamos con un niño mayor o un adulto? Para mí no tiene sentido.

No dude ni por un instante que el bebé sabe quiénes son Mami, Papi y Juancito. No necesita los recordatorios constantes. Asimismo, los niños comprenden y utilizan los pronombres antes cuando se les da el ejemplo.

3. Hable acerca de cosas reales, significativas. Es decir, en lugar de enseñarle palabras, *utilícelas*. Tomar una pelota, señalarla con el dedo y decir "pelota" es un método de enseñanza mucho menos efectivo que comentar en contexto sobre algo que pasó (y, por tanto, que quiere decir algo). "Te desplazaste hasta allá donde estaba la pelota roja, la tocaste y después rodó más lejos".

El bebé aprende mejor, al igual que todos nosotros, cuando algo le importa, y en este ejemplo al bebé es probable que le importe lo que le dicen las palabras "desplazaste", "pelota", "roja", "tocaste", "rodó" y "lejos". Son seis palabras, ¿pero a quién le importa contarlas (aparte de los especialistas)?

Janet Lansbury

Nota de la autora: No sugiero una narración constante mientras el bebé juega. La mejor manera de evaluar si debemos comentar o no mientras nuestro hijo está ocupado en una actividad es esperar a que él o ella comunique su interés en nuestra respuesta, algo que los pequeños hacen por lo general mirándonos.

4. Lea libros y cuente historias de manera responsable. Leer libros de manera responsable significa deshacerse de toda intención oculta y seguir el interés del niño. Permita que el bebé o el pequeño se quede mirando una página cinco minutos, si es lo que quiere, y háblele de todo lo que allí ve. Deje que se saltee páginas, mire el libro al revés y *no* termine el cuento (o ni siquiera mire el libro para nada) si es lo que él elige. Alentamos el amor por los libros cuando confiamos en que el niño sabe cuándo está listo y dejamos que la lectura surja a partir de su propio interés. El niño que ama los libros, ama y utiliza el lenguaje.

Si usted es una persona creativa (que por lo general no es mi caso a esta altura del día), cuente historias. Nunca olvidaré las historias que mi papá me contaba sobre Mary y su perro Zip. En realidad, no recuerdo nada concreto de las historias en sí, pero disfrutaba plenamente esa atención de mi papá.

5. Vaya más despacio. Yo siempre me olvido de esto. Tal vez deberíamos poner carteles por toda la casa que digan "Más Despacio" cuando nuestros hijos son pequeños. Existen tantas buenas razones para ir más despacio en la presencia de los niños, en especial con respecto al lenguaje. Cuando hablamos más despacio, los niños pueden escuchar y entender.

6. Tranquilícese y tenga paciencia. Por lo general, los niños pequeños sienten las preocupaciones de los padres y esto no crea el clima ideal para hacer grandes progresos en el desarrollo. Hablar requiere ser valiente. Tranquilícese, sea paciente y confíe en el calendario innato de su hijo. Muchos de los padres pacientes que conozco han visto emerger las habilidades verbales de su hijo de la noche a la mañana: una "explosión" del lenguaje.

Si le parece que su hijo tiene un retraso en la capacidad de comprender el lenguaje o parece atípico en varias áreas de desarrollo, obtenga una evaluación profesional.

7. No lo ponga a prueba. Lo que necesitan los niños más que nada para empezar a hablar (o hacer casi cualquier otra cosa) es nuestra confianza. Cuando hacemos pruebas, no mostramos ni confianza ni respeto. Como regla general, Magda Gerber decía: "No pregunte a los niños cosas para las que usted sabe la respuesta" (como "¿Dónde está la nariz?").

Por más entusiasmados que estemos por compartir la manera adorable en que nuestro pequeño pronuncia las palabras que acaba de aprender ("¡Di 'tortuga' para la Abu, Juancito!"), la presión de la actuación aumenta la probabilidad de que los niños se callen la boca.

8. El balbuceo es hablar. Cuando parece que los bebés o niños pequeños están hablando galimatías, por lo general están diciendo palabras; por eso, no prestarles atención o responderles balbuceando no es tan respetuoso o alentador como observar: "Me estás diciendo algo. ¿Me cuentas del gato que acaba de pasar caminando?". O: "Tienes mucho que decir hoy".

Tenga cuidado con estos desmoralizadores comunes del lenguaje: las correcciones y la invalidación.

Las correcciones: Cuando los niños están probando el lenguaje, tienen tendencia a "equivocarse", y los adultos tienen tendencia a corregir estos errores. No lo haga. Es innecesario y es desalentador. Con nuestra paciencia y demostración, los niños ya distinguirán la diferencia entre los perros y los osos, el rojo y el naranja, etc.

En *Learning All the Time (Aprender todo el tiempo)*, John Holt explica: "Cuando los niños aprenden a hablar, a menudo usan el nombre de un objeto para referirse a toda una clase de objetos similares".

En otras palabras, cuando un niño llama a todos los animales "perro", no está indicando que desconoce la diferencia, por tanto corregirlo es innecesario, injustificado y, podría decirse, irrespetuoso.

Holt ofrece la siguiente analogía: "Si estuviese de visita en su casa una persona distinguida de un país extranjero, usted no le corregiría cada error que comete en español, por mucho que la visita quiera aprender el idioma, porque sería falta de educación. No vemos la falta de educación o cortesía como pertinentes al trato con los niños muy pequeños. Pero lo son".

Hacia otro nivel de cuidado

La invalidación de los pensamientos y los sentimientos: Supongamos que su niña le pide (en su modo irrepetible) que le cambie el pañal, pero usted se fija y no está mojada. O a lo mejor su hijo dice "lelón", y usted sabe que le encanta el melón, pero acaba de comer. En lugar de responder automáticamente "No hay que cambiarte el pañal" o "No puedes tener hambre, acabas de comer", acepte y reconozca la comunicación sin opinar en lo más mínimo.

"Ah, ¿dices que quieres que te cambie el pañal?" (Espere la respuesta). "¿Sí? Bueno, claro, entiendo que quieras volver a hacerlo. Es divertido pasar ese tiempo juntas. Pero estás seca, así que no te vamos a cambiar en este instante. A lo mejor en unos minutos".

"¿Piensas en un melón?" (Espere la respuesta). "¿Tienes ganas de comer melón?" (Espere). "Ah, ¿no tienes hambre? ¿Te gusta decir 'melón'? Es divertido decir esa palabra, ¿no?"

Cuando escuchamos y respetamos estos intentos de comunicación tempranos, el niño se siente alentado a seguir hablando. Se dará cuenta de que nuestros oídos siempre recibirán con gusto sus pensamientos, sentimientos e ideas más impredecibles. Y existe una excelente probabilidad de que nos convirtamos en su confidente preferido por muchos años más.

Nota de la autora: Si está preocupado sobre el desarrollo del lenguaje de su hijo, la página web de la Academia Estadounidense de Pediatría (American Academy of Pediatrics) ofrece pautas útiles.

18.

Promover la creatividad:
Cómo aprendí a callarme la boca

Hace años, mi hija de dos años y medio estaba pintando huevitos de Pascua. Había metido un huevito en el vaso con colorante púrpura y estaba por mezclarlo con colorante amarillo cuando la detuve: "Creo que no te va a gustar cómo quedan esos dos colores juntos", le advertí. Como obstinada que siempre ha sido, no me hizo caso y procedió a mezclar los colores que yo estaba segura una vez combinados quedarían como un matiz pútrido de una alfombra de pelo largo de finales de los sesenta.

Para mi sorpresa, el huevito terminado quedó tan hermoso que es difícil de describir. El tono luminoso entre marrón y verde era algo que nunca antes había visto, espléndido, imposible de clasificar con ningún gráfico de Benjamin Moore. ¡Pensar que mi visión ordinaria sobre los huevos de Pascua podría haber desanimado su existencia!

La pregunta ¿qué fue primero, el huevo o la gallina? siempre será un misterio. Sin embargo, estoy segura de que si el huevo representa los esfuerzos creativos del niño, la confianza de un padre debe preceder al huevo. La confianza en los instintos del niño es la clave para alentar el libre acceso al poder creativo.

La creatividad existe en todos nosotros. No puede enseñarse. No viene con un kit de manualidades, una clase de danza para los pequeños o una pila de ideas brillantes de los padres. Las explosiones creativas pareciera que surgen de la nada y a menudo cuando menos las esperamos. Fluyen con más libertad cuando no se las dirige y, desde luego, cuando no se evalúan.

A mí las ideas creativas me vienen a los pocos minutos de empezar a correr, cuando mi mente puede divagar. A veces me vienen en la ducha o en el estado de entresueño que disfruto ni bien me despierto, antes de que la autocrítica tenga oportunidad de irrumpir con lo correcto, lo incorrecto y la inseguridad personal.

De bebés, las líneas de conectividad con el poder creativo son claras. Alentamos a nuestros hijos a mantener esas líneas abiertas cuando somos pacientes, tolerantes y damos montones de tiempo sin límite para el juego libre y la elección; y por sobre todas las cosas, cuando nos abstenemos de dirigir, juzgar de manera positiva o negativa (el niño percibe las dos cosas como un juicio crítico) o interferir de alguna otra manera con nuestra ayuda bienintencionada.

Bev Vos, educadora sobre la infancia temprana y oradora muy respetada recomendaba a los adultos: "Nunca dibuje para un niño". Su consejo se extiende a la pintura, la escultura, las manualidades, la construcción de torres con cubos y castillos de arena, la invención de cuentos o cualquier otra cosa artística o creativa.

Cuando mostramos a un niño cómo hacer esas cosas, nuestra intención es alentar la creatividad, pero lo que hacemos al demostrarle la manera "correcta" es interferir. Hacemos que dude de su capacidad y alentamos la dependencia de otras personas para que le confirmen lo que es "correcto" o bueno. El genio artístico de un Picasso en ciernes perseverará y superará nuestra influencia; sin embargo, no queremos alejar a *ningún* niño de la experimentación y los beneficios terapéuticos de la amplia variedad de canales creativos a su disposición.

La creatividad nos llega de manera natural, pero requiere valor seguir la intuición y expresarla. Cada vez que escribo y publico algo nuevo, es como saltar desde un avión. El valor creativo es alumbrar la oscuridad del aburrimiento al fabular una actividad nueva, o animarse a rellenar el espacio vacío con nuestras palabras o imágenes; es hacer un dibujo de una niña en la cama "soñando que monta un elefante", como hizo alguien de tres años que conozco, aun cuando nadie más lo entendió (pero si se miraba de cerca, estaba todo allí).

Einstein una vez declaró: "Creo en la intuición y la inspiración… A veces estoy convencido de que estoy en lo correcto sin saber la razón". Los niños nacen con esa convicción, pero son fácilmente influenciados por nuestras dudas sobre su criterio y sus capacidades.

Si queremos que sigan confiando en esa voz dentro de ellos, debemos mantenernos vigilantes y conscientes del poderoso instinto de complacernos que poseen nuestros hijos. Algunos tenemos que aprender a callarnos la boca (como en mi caso) para que nuestros hijos puedan seguir escuchando.

19.

"Relatar" las dificultades de su hijo

Relato (o "transmisión") es el término que acuñó Magda Gerber para describir la verbalización de acontecimientos sin crítica, "solo los hechos". Ella recomendaba a los padres usar este método con el fin de apoyar a los bebés y niños pequeños cuando tenían dificultad para desarrollar nuevas habilidades.

Los relatores no juzgan, ni solucionan, avergüenzan o se involucran emocionalmente. Solo mantienen al niño seguro; observan y expresan lo que ven, dándole el espacio abierto que necesita para seguir esforzándose hasta que resuelva el problema o decida olvidarlo y pasar a otra cosa:

"Qué trabajo te da esa pieza del rompecabezas. Pareces frustrada".

"Sabrina, tú tenías el oso y ahora lo tiene Ale. Las dos lo quieren tener. Sabrina trata de recuperarlo... Ale, no dejaré que le pegues".

"Intentas bajar del escalón. Te sostendré si hace falta. No dejaré que te caigas".

Cinco beneficios del relato:

1. Cuando hacemos menos, los niños piensan y aprenden más. Sorprendentemente, estos mini comentarios a menudo son lo único que nuestros hijos necesitan para perseverar con tareas que para ellos son un desafío, así como para resolver conflictos con hermanos y pares. Cuando hace falta más ayuda, podemos pasar al modo de "entrevista" haciendo preguntas abiertas con calma, como por ejemplo: "Las dos quieren la pelota. ¿Se les ocurre qué pueden hacer?".

Si las peleas continúan y se intensifican las emociones, podemos sugerir una o dos posibilidades, como: "¿Han notado que hay otra pelota en la canasta?". O: "Puedes probar de bajar primero solo un pie del escalón".

Si la pelea implica un juego físico entre dos (o más) niños y uno de ellos parece preocupado, podemos tantear la situación con la pregunta: "¿Te parece bien eso?". Si el niño indica que no, podríamos sugerirle: "Tienes la opción de decir 'no' y hacerte a un lado" (y luego, si fuese necesario, detenemos la acción con calma).

Menos siempre es más.

Los cursos de orientación RIE para padres e hijos por lo general terminan alrededor de los dos años de edad, pero los padres de uno de mis grupos han elegido seguir juntos durante el tercer año de sus hijos, por lo que he tenido la oportunidad única de practicar el relato con niños en edad preescolar. Dado que estos niños tienen el lenguaje más desarrollado que los menores de dos años, he tenido oportunidad de pulir mis habilidades para "entrevistar", y he quedado alucinada con lo bien que funciona este enfoque. (Reconozco que estos niños tienen la ventaja de RIE, al haber sido acostumbrados a resolver problemas con un mínimo de intervención).

Cuando los niños se pelean por un juguete, yo relato y luego pregunto:

— Laura, ¿qué pensabas hacer con el coche?
— Quiero hacerlo bajar por la rampa.
— Pedro, pareces molesto. ¿Tú qué quieres hacer con el coche? —Demuestra que quiere hacerlo subir por la pared.— Ah, Pedro quiere hacerlo andar por la pared. Mmm. ¿Se les ocurre qué podrían hacer los dos?

Para mi sorpresa, pedir a estos niños de tres años que consideren y expresen sus deseos a menudo es todo lo que necesitan para resolver la pelea. Los niños terminan por decidir hacer las actividades juntos, por turnos y observándose mutuamente, u olvidarse del tema y pasar a otra cosa, todo por sí solos.

La tentación de guiar, dirigir o resolver problemas puede ser enorme, pero si logramos controlar estos impulsos, los niños aprenderán mucho más y afianzarán la seguridad en ellos mismos.

2. La confianza fortalece. El relato constituye nuestra herramienta de intervención en conflictos que menos interfiere y más habilita, pues comunica confianza y fe en nuestros hijos. En esencia, lo que hacemos al relatar es decir: "Estoy aquí y te apoyo, pero confío en que puedes manejar esta situación".

Los relatores no tienen miedo de los sentimientos de pérdida, frustración, desilusión y enojo que son adecuados para la edad de sus hijos. También los aceptan: "Sigues muy decepcionado por esa torre que estabas construyendo. En verdad es muy triste que se haya caído".

Dejamos que suceda lo que suceda, y en lugar de crear una dependencia innecesaria de que el adulto le resuelva situaciones, promovemos la resiliencia y la confianza del niño en sí mismo.

3. Nos recuerda no juzgar o tomar partido. El relato mantiene bajo control nuestra tendencia natural de juzgar o proyectar. Esto es crítico, porque cada vez que juzgamos a un niño o su comportamiento estamos generando remordimiento, culpa y distancia, lo cual dificulta nuestra conexión y socava tanto el aprendizaje como la confianza del niño en sí mismo.

Soy tan susceptible a la proyección de un problema que no existe o la humillación de los niños que ni siquiera me gusta utilizar la palabra "quitar". Para mí, existe una sutil diferencia entre "Lo tenías tú y ahora lo tiene Tomás" y "Tomás te lo *quitó*".

A menudo los niños definen "juego", "diversión" y "problemas" bastante distinto de los adultos. Nunca olvidaré la *única vez* que traté de defender a mi hijo cuando fue el blanco de (según mi parecer) una reacción de agresividad verbal desmesurada por parte de su hermana mayor. Me señaló la puerta diciendo que "no me metiera". No es masoquista, por lo que solo puedo suponer que lo estaba disfrutando.

Mediante el relato confirmamos nuestra aceptación de la situación tal y cual es, algo que nos ayuda a mantener los ojos y la mente abiertos.

4. Alienta a los niños a no identificarse como agresores o víctimas. Uno de los problemas más grandes con las respuestas que protegen demasiado, avergüenzan o toman partido es que los niños involucrados se quedan anclados en el papel de víctima/agresor que les asignamos inconscientemente. El agresor cree que es malo y despreciable, mientras que la víctima se siente débil e impotente. Ambas partes creen que dependen de la intervención de los adultos para resolverles los problemas.

5. Da a los niños una comprensión más clara de las situaciones, y enseña el lenguaje, así como la inteligencia social y emocional. Al relatar facilitamos el aprendizaje experimental, que es lo mejor de la educación, lo más profundo y significativo.

En algunos casos, el relato *no* es suficiente, y es probable que uno de los padres o personas a cargo tenga que intervenir. Por ejemplo:

a) Temas de seguridad. Estos siempre tienen prioridad.

b) Patrones de comportamiento perturbadores o destructivos. Los niños necesitan que se les recuerde de manera amable, pero firme, que dejen de tomar los juguetes de las manos de otros niños, etc.

c) De ser posible, se debe proteger la obra de los niños que trabajan concentrados en un proyecto. Pero si no llegamos a tiempo para prevenir que un niño desmantele el proyecto de otro, igual debemos relatar y entrevistar.

Como todas las mejores prácticas del cuidado infantil, el relato funciona porque implica confiar en las capacidades innatas de nuestro hijo, y hacernos a un lado de manera que se sienta potenciado para utilizarlas.

20.

El tema de compartir para los niños pequeños

Se recita en todas las plazas y se impone en todos los parques, fiestas y reuniones con amiguitos. Es una palabra que se ha vuelto un mantra social para los padres de todas partes: ¡*Comparte!*

Estamos todos desesperados por que nuestros hijos compartan. Es vital. El futuro del mundo depende del espíritu de generosidad de nuestros hijos. Tememos que si no recordamos a nuestros hijos que compartan, se volverán marginados sociales egoístas y tacaños; o a lo mejor se nos critique por ser padres permisivos, desconsiderados y mal educados.

La verdad es que los niños pequeños aún no comprenden el concepto de compartir, y nuestras preocupaciones de padres hacen que "compartir" se vuelva una palabra cargada. Tenemos una tendencia a usarla mal: decimos "Comparte", pero lo que queremos decir, en verdad, es "Dale lo que tienes a ese otro niño".

¿Por qué va a querer un niño compartir su camión rojo cuando significa renunciar a él y dárselo a otra persona?

Los niños pequeños quieren lo que ven, y ese objeto se transforma en suyo. "Mío" puede significar una de dos cosas: "Lo veo, lo quiero" o "Lo estoy usando". La idea de propiedad —el concepto de que mamá o papá compró algo en un negocio, entonces ahora les pertenece— no es algo que los niños pequeños comprendan del todo bien.

Es común en los cursos RIE para padres e hijos que los niños quieran el mismo juguete. A menudo el ofrecer y quitar juguetes comienza como un gesto social, un intento temprano del bebé de establecer contacto con otro bebé. Puede parecer que están teniendo dificultades por el juguete; no obstante, con un poquito de paciencia y observación objetiva, por lo general vemos que hay poco estrés y mucha curiosidad.

Si un niño reaccionaba al intercambio con sorpresa o decepción, Magda aconsejaba a la persona a cargo que relatara en lugar de interferir. "Relatar" significa reconocer las interacciones de los niños con toda naturalidad, sin insinuar culpa jamás. A menudo los niños pueden tranquilizarse cuando sienten que un adulto entiende. Podríamos decir, por ejemplo: "Rafael, tú tenías el coche y ahora lo tiene Sofía". O "Los dos quieren el coche, tú y Sofía".

No hay malos ni víctimas en la Tierra de los Pequeños, solo niños que aprenden mediante la experimentación con comportamientos sociales.

Cuando los bebés y los niños pequeños tienen oportunidades de socialización ininterrumpida, probarán distintas opciones. ¿Deben soltar la pelota y dejar que el otro niño se la lleve? ¿Qué pasa si la agarran fuerte? Si de hecho comparten o le ofrecen algo a otro niño, ¿cómo reacciona este?

Como nos recuerda Magda en su libro *Your Self-Confident Baby (El bebé seguro de sí mismo)*: "Las lecciones aprendidas por uno mismo, se trate de compartir o de aferrarse a algo, se quedan con nosotros más tiempo".

Muchas veces los niños demuestran que lo que les interesa es la interacción con otro niño, no el juguete en sí. Esto es evidente cuando hay al alcance objetos iguales y sin embargo solo están interesados en el que está "en contienda". Por lo general, al ratito de terminarse la pelea, el juguete queda tirado por ahí, se vuelve "aburrido" y nadie lo quiere más. Es mejor dejar que los niños solucionen estas situaciones solos, mientras los adultos se aseguran de que no se golpeen o lastimen.

Hace muchos años experimenté la inutilidad de la interferencia de un adulto en la lucha de voluntades entre niños pequeños cuando llevé mi hija a jugar a la casa de una amiga y las dos querían la misma muñeca. La bondadosa madre de la niña no soportaba verlas pelear, por lo que ofreció a mi hija otro juguete, una tortuga de peluche. Por supuesto, después las dos quisieron la tortuga; entonces les llevó otra cosa. Les llevó un juguete tras otro y siguieron peleando por cada uno de ellos. Finalmente, tras lágrimas y gritos, las niñas terminaron con su rivalidad, abandonaron todos los juguetes y se fueron al patio a jugar, amigas otra vez.

Entonces, ¿cómo enseñamos a los niños a compartir con los demás?

1. Damos ejemplo de generosidad: Por ejemplo, decimos al niño: "Tratas de alcanzar mis galletitas. Aquí tienes, compartiré algunas contigo". O "Compartamos el paraguas".

2. Cuando nuestro hijo demuestra generosidad, lo reconocemos: "Fuiste atento al compartir los cubos con Rodrigo".

3. Sobre todo, debemos ser pacientes y confiar en que nuestro hijo aprenderá a compartir con el tiempo.

Ningún padre se siente cómodo cuando su hijo le quita cosas a otro, se queda con juguetes que otro quiere usar o parece desilusionado porque otro niño no quiere compartir con él. Pero por lo general estas situaciones parecen mucho peores desde nuestro punto de vista que desde el de nuestro hijo.

Cuando intervenimos sin necesidad en un conflicto insistiendo en que el niño comparta, lo privamos de una experiencia de aprendizaje social. Cuando insistimos en que nuestro hijo comparta antes de que pueda entender de verdad lo que significa, corremos el riesgo de que "compartir" se convierta en una mala palabra.

Un niño comparte cuando empieza a sentir empatía por los demás, esa empatía que ve en el ejemplo de unos padres que le tienen paciencia y confianza.

21.

El problema con enseñar a ir al baño

La mayoría de los consejos convencionales que oigo acerca del tema del control de esfínteres es, cuanto menos, decepcionante. Generalmente se centra en ofrecer "consejos y trucos" simples y se jacta de producir resultados en tiempo récord.

¿No deberíamos tener un poco de respeto?

Enseñar a ir al baño no es algo que le hacemos *al* niño o que le pedimos que haga para complacernos; por eso, tampoco es necesario manipularlo con sorpresas y premios. Aprender a ir al baño es un proceso natural que se desarrolla mejor cuando es el niño el que lleva la delantera y cuenta con nuestro apoyo.

Sí, entiendo que los padres se hagan preguntas, se preocupen y se impacienten por el momento en que su hijo dejará el pañal, aunque sea algo que todo niño normal y saludable finalmente logra. No obstante, podemos crear resistencia, desconfianza e incluso vergüenza cuando intentamos engatusar al niño para que use un orinal o el baño antes de estar listo.

Uno de los problemas es la palabra "enseñar", que nos da la impresión de que debemos ser proactivos en un proceso que conviene dejar que suceda de manera natural. Cuando el niño está listo, aprende solo. Si somos pacientes y creamos la atmósfera de aceptación que nuestro hijo necesita para iniciar la transición de usar pañales a ir al baño, dominará esta habilidad con facilidad y adquirirá el sentimiento de autonomía que se merece. La clave es estar listo, desde el punto de vista físico, cognitivo y emocional.

Desarrollo físico: Debe tener capacidad en la vesícula y el intestino, así como control muscular.

Desarrollo cognitivo: Debe entender bien lo que tiene que hacer.

Desarrollo emocional: Debe estar listo desde el punto de vista emocional para desprenderse de una situación familiar a la que está acostumbrado (orinar y defecar en un pañal cuando le dé la gana).

Los padres sientan las bases para la preparación del niño cuando, a partir del nacimiento, hacen que el cambio de pañal sea un momento agradable, de colaboración, que pasan juntos, y cuando respetan al bebé haciendo las cosas más despacio y explicándole cada parte del proceso.

Cuando el niño comienza a mostrar señales de estar listo para ir al baño (le avisa que ha orinado; quiere que le saquen el pañal mojado inmediatamente; comienza a avisarle *antes* de orinar), podría ser el momento de tener un pequeño orinal a mano. Luego se pide a todas las personas a cargo del cuidado del niño que no le pidan que use el orinal ni lo incentiven de ninguna otra manera.

Algunos niños son extremadamente sensibles a que se los empuje en esta área, y las reacciones pueden ser extremas, al punto de retener las heces durante días o tener que ponerles un pañal para que muevan los intestinos, incluso años después de que supuestamente se les ha "enseñado".

He visto casos en que los niños comenzaron un patrón de resistencia cuando los padres los engatusaron para que usaran su orinal, y luego la relación de resistencia se prolongó en otras áreas hasta la edad adulta. Los padres deben andar con cuidado al tratar el tema de ir al baño.

Lo más seguro es tranquilizarse, tener paciencia y permitir que el niño nos diga solo cada vez que quiere ir al baño. El proceso del aprendizaje autodirigido puede llevar semanas, incluso meses. Las alteraciones en la vida de un niño (un hermano recién nacido, una mudanza o un viaje, por ejemplo) pueden causar un retraso, aun cuando creíamos que ya había aprendido. En estos casos, lo mejor es seguir la corriente (por así decirlo) y tener disponibles pañales o pañales calzón durante bastante tiempo después de que pareciera que el niño va al baño sin problemas.

Confiar en su hijo vale la pena para todos. El niño se siente orgulloso de su autonomía recién estrenada, y la confianza en sí mismo crece. Si depositamos confianza en él para "librarse" del pañal cuando esté listo, el niño puede "aferrarse" a la motivación intrínseca. Después de todo, si tenemos que controlar las necesidades fisiológicas para complacer a nuestros padres, ¿alguna vez habrá algo que sea de verdad nuestro?

22.

Los niños malos no existen: Disciplinar a los pequeños sin avergonzarlos

Un niño que se está comportando mal no causa vergüenza, y no requiere castigo. Es un pedido desesperado de atención, es decir a voz en grito que tiene sueño, o un llamado a la acción pidiendo límites más firmes y coherentes. Es el tira y afloje del pequeño poniendo a prueba su independencia en crecimiento: él tiene el irresistible impulso de traspasar los límites, mientras que también necesita saber con desesperación que se lo controla y está seguro.

No cabe duda de que los niños necesitan disciplina. Como decía la especialista infantil Magda Gerber: "La falta de disciplina no es bondad, es negligencia".

La clave para una disciplina saludable y eficaz es nuestra actitud. La etapa que va entre alrededor de los 12 meses y los 3 años es el momento perfecto para pulir las habilidades de crianza que darán lugar al liderazgo sincero, directo y compasivo del que dependerán nuestros hijos en los años venideros. Algunas pautas:

1. Comience con un entorno predecible y expectativas realistas. Una rutina diaria predecible permite al bebé anticipar qué se espera de él. Ese es el comienzo de la disciplina. El hogar es el lugar ideal para que los bebés y niños pequeños pasen la mayor parte del día. Claro que a veces debemos llevarlos con nosotros a hacer los mandados, pero no podemos esperar que un niño pequeño se comporte de lo mejor en cenas con amigos, largas tardes en el centro comercial o cuando sus días están cargados de actividades planeadas.

2. No tenga miedo ni se tome el mal comportamiento como algo personal. Cuando los niños se comportan mal en mis clases, a menudo los padres se preocupan de que su hijo resulte ser un niño consentido, bravucón o agresivo. Ahora, cuando los padres proyectan estos miedos, eso puede causar que el niño internalice esas imágenes negativas o al menos note la tensión de los padres, lo cual suele empeorar el mal comportamiento.

En lugar de etiquetar la acción de un niño, aprenda a cortar el comportamiento de raíz al rechazarlo con indiferencia. Si su hijo le tira una pelota a la cara, trate de no enojarse. Él no lo hace porque usted no le caiga bien ni tampoco es malo: le está pidiendo (al estilo niño) los límites que necesita y tal vez no esté recibiendo.

3. Responda en el momento, con calma, como un director ejecutivo. Encontrar el tono adecuado para poner límites puede llevar bastante práctica. Últimamente, he estado animando a los padres que tienen dificultad con esto a que imaginen que son un exitoso director ejecutivo y su hijo un respetado subalterno. El director corrige los errores de otros con eficacia de mando y lleno de seguridad en sí mismo. No usa un tono de interrogación inseguro, ni se enoja o se pone sentimental.

Nuestro hijo necesita sentir que su comportamiento no nos pone nerviosos y no nos mostramos ambivalentes a la hora de imponer reglas; encuentra consuelo cuando no nos cuesta esfuerzo estar a cargo.

Los sermones, las reacciones emocionales, los retos y los castigos no aportan al pequeño la claridad que necesita, y pueden causar tanto culpa como vergüenza. Una indicación simple, carente de emoción, como "No dejaré que hagas eso; si lo tiras de nuevo te lo quitaré", mientras al mismo tiempo impedimos el comportamiento con las manos, es la mejor respuesta. Pero debe reaccionar inmediatamente. Una vez que el momento ha pasado es demasiado tarde; espere a la siguiente oportunidad.

4. Hable en primera persona. A menudo los padres adquieren el hábito de llamarse a sí mismos "mami" o "papi". La etapa que va entre alrededor de los 12 meses y los 3 años es el momento de cambiar a la primera persona para tener una comunicación lo más sincera y directa posible. Los niños ponen a prueba los límites para aclarar las reglas. Si digo: "Mami no quiere que Ema le pegue al perro" no le estoy dando a mi hija la interacción directa (entre "tú" y "yo") que necesita.

5. No utilice la técnica de tiempo fuera. Siempre me acuerdo de cuando Magda Gerber preguntaba con su acento húngaro de abuela: "¿Tiempo fuera de qué, de la vida?".

Magda creía en el uso de un lenguaje sincero y directo entre padres e hijos. No creía en los artilugios como el "tiempo fuera", especialmente para controlar el comportamiento de un niño o castigarlo. Si un niño se porta mal en una situación pública, por lo general está indicando que está cansado y perdiendo el control, y que necesita irse.

La manera respetuosa de manejar esta situación es levantar al niño y llevarlo al coche para volver a casa, aun si grita y patalea. A veces un niño tiene un berrinche en casa y necesita que se lo lleve a su habitación para revolcarse y llorar en nuestra presencia hasta que recupere el autocontrol. Estos no son castigos sino respuestas comprensivas.

6. Consecuencias. Para un pequeño, la mejor manera de aprender disciplina es cuando experimenta las consecuencias naturales de su comportamiento, en lugar de recibir un castigo desconectado como el tiempo fuera. Si un niño tira comida, se acaba la hora de comer. Si un niño se niega a vestirse, hoy no vamos al parque. Estas respuestas de los padres apelan al sentido de justicia de un niño. Es posible que de todos modos reaccione de manera negativa a la consecuencia, pero no se sentirá manipulado ni avergonzado.

7. No rete a un niño por llorar. Los niños necesitan reglas para el comportamiento; sin embargo, sus respuestas emocionales a los límites que les ponemos (o a cualquier otra cosa, venido el caso) deben permitirse, incluso alentarse.

La etapa que va entre alrededor de los 12 meses y los 3 años puede estar llena de sentimientos intensos y contradictorios. Es probable que el niño necesite expresar enojo, frustración, confusión, agotamiento y decepción, especialmente si no recibe lo que quiere porque hemos puesto un límite. El niño necesita la libertad de expresar sus sentimientos libremente sin nuestra crítica. Quizá necesite una almohada para darle golpes; dele una.

8. Amor incondicional. Dejar de mostrarle cariño como una forma de castigo enseña al niño que nuestro amor y apoyo cambian en un instante: se evaporan debido a su mal comportamiento pasajero. ¿Cómo puede promover esto un sentimiento de seguridad?

El artículo de Alfie Kohn publicado en el *New York Times* en 2009 y titulado "Cuando el 'te quiero' de los padres significa 'haz lo que te digo'" (título original: *"When A Parent's 'I Love You' Means 'Do As I Say'"*) explora el daño que causa este tipo de crianza condicional; el niño llega a estar resentido con los padres, a desconfiar de ellos y a tenerles antipatía. Al mismo tiempo siente culpa, vergüenza y falta de autoestima.

9. NUNCA dé una nalgada. Lo más perjudicial para una relación de confianza son las nalgadas, que además son indicadores de comportamiento violento futuro. En su artículo "Los efectos a largo plazo del castigo físico" (título original: *"The Long-Term Effects of Spanking"*), Alice Park presenta los resultados de una investigación reciente que señala: "… la prueba más contundente hasta el momento de que la respuesta a corto plazo de las nalgadas podría hacer que el niño se comportase peor a la larga. De los casi 2.500 pequeños que participaron en la investigación, los que recibieron nalgadas con frecuencia a los tres años tuvieron mucha más probabilidad de ser agresivos al llegar a los cinco años".

Causarle dolor a un niño a propósito no puede hacerse con amor. Sin embargo, lo triste es que a menudo el niño aprende a asociar los dos.

Amar a nuestro hijo no quiere decir mantenerlo feliz todo el tiempo y evitar las peleas de voluntades. A menudo significa hacer lo que nos resulta más difícil: decir que "no" y atenernos a eso.

Nuestro hijo merece respuestas sinceras y directas de nuestra parte para poder internalizar lo correcto y lo incorrecto, y desarrollar el autocontrol auténtico necesario para respetar a los demás, así como para ser respetado por otros. Como escribió Magda en *Dear Parent – Caring for Infants With Respect (Estimado Padre: Cuidado del niño con respeto)*: "El objetivo es lograr la disciplina interior, la confianza en sí mismo y el deleite en el acto de colaboración".

23.

Las dificultades para poner límites
(Tres razones comunes)

Una de las cosas más desalentadoras que oigo decir a los padres a quienes asesoro es que no disfrutan el ser padres, especialmente cuando se trata de poner límites, algo que se ha vuelto una fuente de confusión y a menudo culpa. Lo más preocupante para ellos es que sienten que sus hijos tampoco son felices. En general, esto sucede porque ambos están confundidos acerca de los límites.

Estos padres nunca deberán preocuparse por ser demasiado estrictos; simplemente no es parte de quienes son. Al igual que a mí hace muchos años, los atrae el enfoque de crianza de Magda Gerber y sus recomendaciones acerca de respetar a los bebés como personas completas, confiar en el desarrollo de motivación intrínseca y alentar el juego por iniciativa propia del niño.

La confianza, la empatía y el amor incondicional parecen venirnos de manera natural a los padres como nosotros, aunque no así los límites.

Puede sucedernos fácilmente que nos centramos tanto en ofrecer a nuestros hijos confianza y libertad que descuidamos la necesidad aún más crucial de sentirse bien arraigados. De hecho, demasiada libertad puede hacer que nuestros hijos sientan lo *opuesto* a ser libres, y a menudo expresen su desasosiego mediante un comportamiento que ponga los límites a prueba.

Para experimentar verdadera libertad y alegría, los niños necesitan líderes considerados que estipulen con claridad las normas de convivencia así como sus expectativas. Necesitan un equilibro saludable entre la libertad y los límites.

En mi trabajo con padres durante los últimos veinte años (y siendo madre yo misma) he notado algunas de las razones más comunes por las cuales a muchos de nosotros nos resulta difícil encontrar ese equilibrio:

Preferiríamos no disgustar a nuestros hijos. ¿Y quién no? La incomodidad con las emociones fuertes de nuestros hijos es la principal razón por la cual los padres tienen dificultades para poner límites claros, y esto puede hacer que nos cuestionemos cada decisión que tomamos o dudemos de ella:

Mmm, después de todo, supongo que podría llevar a mi hija de cinco años alzada por la calle, aunque me duela la espalda.

¿Por qué no devolverle la taza azul? ¿Qué tiene que haya gritado "¡No! ¡Quiero verde!" y después cambiado de opinión otra vez? Claro que estoy enfadada, pero sería tan fácil tratar una vez más de darle el gusto.

Ya que no estoy apurada, podría esperar otros quince minutos hasta que ella decida que está lista para subirse a la sillita del coche.

La resistencia adecuada a la edad y las reacciones emocionales intensas de nuestros hijos frente a los límites que les imponemos pueden hacernos sentir culpables, preocuparnos, agotarnos o arruinarnos el día entero. Para que la puesta de límites funcione y los

padres disfruten (léase: sobrevivan) la etapa que va entre
alrededor de los 12 meses y los 3 años, es esencial
acostumbrarse a esta dinámica básica: *Sentamos un límite
con confianza. Nuestro hijo expresa disgusto (puede incluir
frustración, decepción, tristeza, enojo o furia). Nos
mantenemos anclados durante esta tormenta al mismo tiempo
que aceptamos y reconocemos el disgusto de nuestro hijo.*

A menudo los niños ponen a prueba los límites
porque intuitivamente saben que necesitan la seguridad
de nuestras respuestas calmas y confiadas, como
también para descargar sentimientos incómodos a punto
de estallar. Nuestra aceptación de estos sentimientos
alivia la necesidad del niño de ponernos a prueba y es
una de las maneras más profundas de expresar nuestro
amor. Con la práctica nos empieza a resultar más fácil.

Recibimos consejos confusos. Últimamente me han
decepcionado los consejos que leo de los especialistas en
la crianza con disciplina no punitiva, en especial cuando
veo lo engañosas, confusas y desalentadoras que son
estas sugerencias para los padres que acuden a mí. Por
ejemplo:

a) *"Solo ponga límites con sus hijos cuando se trata de
razones de seguridad".*

Esta es una fórmula para crear niños inseguros y
padres abatidos. ¿Qué hay de la seguridad emocional y
la tranquilidad, del alivio de saber que no se espera que
estemos a cargo de todo cuando solo tenemos dos años?
Además, ¿esto significa que los padres no tienen derecho
a sus propios límites o al cuidado de ellos mismos?

b) *"No ponga límites que su hijo pueda sentir como
castigo".*

Hacia otro nivel de cuidado

Este nos podría dejar cuestionándonos a nosotros mismos todo el día, porque trae justamente el tema de nuestras dudas y miedos de disgustar a nuestros hijos. Como padres respetuosos valientemente comprometidos con la disciplina no punitiva, debemos darnos permiso de tomar las decisiones que consideramos mejores tanto para nosotros como para nuestros hijos.

Sí, está bien irse a otra habitación si nuestro hijo no para de gritar, aun si eso lo disgusta. Sí, está bien decir con franqueza: "No vamos a poder irnos del parque hasta que me ayudes a juntar estos juguetes"; "Ven a lavarte los dientes, por favor, así tenemos tiempo de leer un libro más"; o "Veo que quieres jugar con la ropa limpia doblada, pero no quiero que termine en el piso desdoblada, así que voy a levantar esta canasta. Aquí hay una vacía que puedes usar".

Si después pensamos que tomamos una decisión injusta o innecesaria podemos disculparnos y cambiar de opinión. Pero para alentar el sentimiento de seguridad en nuestros hijos debemos tomar estas decisiones desde una plataforma de firmeza y no de vacilación. Para ser líderes considerados con niños seguros de sí mismos, primero debemos confiar en nosotros.

c) *"Cuando los niños ponen los límites a prueba, hágalos reír"*.

Pienso que es demasiado sugerir que tomemos el enfado (o peor) que sentimos cuando los niños se pasan de la raya y lo convirtamos en un juego lleno de risas.

Y sin embargo esto es exactamente lo que aconsejan en primer lugar algunos especialistas de la crianza con disciplina no punitiva, aun como respuesta a los comportamientos agresivos de nuestros hijos como pegar y morder. Veo tantos problemas con este consejo que no sé por dónde comenzar.

En primer lugar, no es beneficioso ni para nosotros ni para nuestros hijos fingir que nos sentimos animados y con ganas de hacer tonterías cuando en realidad estamos molestos o enfadados. ¿No deberíamos demostrar autenticidad? Además, ¿esto no les enseña a los niños que sus sentimientos negativos no están bien? ¿Deben reír cuando están enfadados? En segundo lugar, ¿qué sucede si el comportamiento de nuestro hijo nos enfada o enfurece? ¿Es un buen momento para armar jaleo, o hacer cosquillas o pedorretas en la barriga del niño? En mi experiencia, no.

Lo irónico es que estos son los mismos especialistas que supuestamente también recomiendan que se permita a los niños expresar sus sentimientos fuertes, pero en lugar de ayudar a normalizar esta experiencia exigente para los padres, en esencia lo que dice su consejo es: "Solo deje llorar a su hijo como un último recurso. Primero haga aspavientos y, si puede, logre que se ría".

Tememos que los límites destrocen el espíritu libre de nuestro hijo. En verdad, esto funciona exactamente de la manera opuesta. A través de los años he trabajado en mis clases con padres que tienen dificultad para sentar límites. Cuando finalmente lo entienden y hacen cambios, las transformaciones en la conducta y el comportamiento de sus hijos son drásticas. Los niños que antes eran pegajosos y requerían mucha atención de repente son capaces de no tratar de controlar todas las situaciones con los padres o sus pares. Son capaces de enfocarse en el juego, socializar con sus compañeros, participar de la hora del refrigerio, así como soltarse lo suficiente para reírse y expresar alegría.

Esto es libertad.

24.

Lo que opina su pequeño de la disciplina

Me han dicho que "comprendo" a los niños pequeños (y es el mejor cumplido que me podrían haber hecho). Quizá se deba a que mi propio desarrollo emocional se detuvo parcialmente cuando era pequeña por razones que aún no he aclarado. También es probable que se deba a que, después de todo este tiempo observando a niños pequeños, he comenzado a identificarme con ellos.

A veces, por ejemplo, cuando un padre en la clase le pide a su hijo que no tire juguetes, su forma de hablar no me convence y siento ganas de ponerme a tirar más juguetes con el niño. Otras veces un niño dice que se quiere ir en cuanto ha llegado. Yo siento la crispación del niño, mientras que la madre o el padre piensa: "Uy, ¿y ahora?" o tiene miedo de tomar partido. El niño perseverará con el tema hasta que el padre diga con resolución: "Te escucho y sé que quieres irte, pero no nos marcharemos hasta que termine la clase".

Si los niños pequeños pudieran compartir sus pensamientos acerca de la disciplina, opino que dirían lo siguiente:

Hazme tu aliado. No pienses en "hacerme que haga" algo. No me engañes ni me sobornes, avergüences o castigues. Tú contra mí da miedo cuando lo que necesito con desesperación es que estés de mi lado.

Entonces, por favor dime las cosas con amabilidad o muéstrame lo que quieres. Y detenme con cariño (pero también con decisión) para que no haga cosas que no quieres; haz esto mucho antes de enfurecerte. Tu porte tranquilo y las opciones positivas que me das ("Veo que estás jugando, así que ¿quieres venir a cambiarte el pañal ahora o después de jugar otros cinco minutos?") me ayudarán a aceptar tus instrucciones con dignidad.

No tengas miedo de mis reacciones a los límites. Me resulta inquietante verte tímida, vacilante o evasiva. ¿Cómo voy a sentirme seguro si la gente de la que necesito con desesperación duda o anda de puntillas alrededor de mis sentimientos?

Así es que por favor termina las oraciones con un punto al final, y luego acepta mi disgusto con calma. Tus indicaciones son más bienvenidas de lo que jamás puedas imaginarte. No lastiman mi frágil espíritu. Me liberan, me ayudan una enormidad y son indispensables para mi felicidad.

Dime la verdad de manera simple así tengo bien claro qué quieres. Es probable que necesite varios recordatorios mientras aprendo, así que tenme paciencia y trata de mantener el mismo tono, aun si se trata de algo que ya me has dicho. (En serio, no quiero ser irritante).

No te disgustes ni enfades si puedes evitarlo. Esas reacciones no me hacen sentir seguro. Necesito saber que mi comportamiento no te saca de quicio, que puedes manejar mis problemas con cuidado y confianza. Si no puedes tú, ¿quién lo hará?

Si sigo comportándome del mismo modo es porque no lo siento como algo resuelto. O no eres lo suficientemente convincente o te lo tomas como si fuera la vida en ello y reaccionas de forma emocional. Cuando me das "esa mirada" o hay enojo en tu voz al decir: "¡No pegues!", me desconcierta, y me veo obligado a seguir comportándome de esa manera hasta que puedas ofrecerme una respuesta más tranquila.

Necesito saber que esos tipos de comportamientos no están permitidos, pero también necesito que se me asegure constantemente que no son nada del otro mundo y que tú puedes manejarlos. Me demostrarás esto siendo paciente, manteniéndote tranquila, coherente y ofreciéndome respuestas breves, respetuosas y directas de manera que yo pueda abandonar el comportamiento y salir adelante sabiendo que nuestra conexión sigue siendo sólida.

Ten en cuenta mi punto de vista y acéptalo lo más posible... aun si te parece ridículo o equivocado. No existen los sentimientos ni los deseos equivocados, solo maneras equivocadas de actuar en función de ellos, ¿verdad? Necesito saber que está bien tener estos sentimientos y que tú comprenderás y seguirás amándome. Déjame sentir.

Recuerda que no quiero estar a cargo, aunque el credo de los niños es nunca admitirlo. Soy convincente. Puedo hacerte creer que tu simple pedido de sentarme para comer es tortura pura. No te burles ni me desafíes, pero tampoco lo creas. Sigue insistiendo… con amor. Mi determinación te enorgullecerá algún día. Cuando cedes todo el tiempo yo me siento menos fuerte, mucho más inseguro.

Dame montones de tiempo "sí", en el que cuente con tu atención completa y aprecio por las tantas cosas buenas que hago. Todos necesitamos equilibrio.

Déjame resolver problemas. Si no concordamos en lo que queremos, considérame capaz de ayudar a encontrar una solución, en especial a medida que voy creciendo.

Gracias por hacer todas estas cosas tan dificilísimas con el fin de ayudarme a ser el tipo de niño cuya compañía sus amigos disfrutan, y quien es recibido con cariño en la casa de los padres de ellos, apreciado por los maestros y (por sobre todas las cosas) una de tus personas preferidas en el mundo entero… por siempre.

25.

Disciplina que funciona para los pequeños

El secreto para criar niños que por lo general colaboren con nuestras reglas e indicaciones tiene poco que ver con estrategias específicas o juegos de palabras tales como "No dejaré que…" en lugar de "No pegues".

Lo que importa más que nada —y en esencia hace que nuestra guía sea exitosa o no— es la manera en que percibimos a nuestros hijos, así como la actitud general hacia los límites y la disciplina. La buena noticia es que una vez que estas percepciones toman buen rumbo, aunque cometamos muchos errores casi nunca nos equivocaremos.

Trátelos como personas: Hace veinte años, me invitaron a asistir a la sesión introductoria de un seminario sobre crianza a cargo de Mary Hartzell, una escritora muy respetada, que también es directora de un preescolar. Poco recuerdo de la presentación de Mary excepto que yo concordaba con su enfoque. Lo que sí recuerdo vivamente es que cuando llegó el momento de los comentarios, hubo una impetuosa avalancha de preguntas por parte del público y comenzaban todas así: "¿Cómo hago que mi hijo…?".

Los padres querían *hacer* que sus hijos de edad preescolar se lavaran los dientes, levantaran los juguetes del suelo, aprendieran a ir al baño o aceptaran cuando era hora de irse de la plaza. Querían *hacer* que dejaran de pegar, empujar, morder, escupir y demás. El tono de sus preguntas, y en particular el uso repetido del término "hacer que", dejaban en claro que muchos habían tomado el camino equivocado.

Enfocaban estos temas con una actitud estilo "nosotros y ellos", en lugar de una mentalidad de colaboración. Buscaban soluciones inmediatas, trucos y tácticas de manipulación en lugar de un trabajo de persona a persona y el tipo de relación de confianza con respeto mutuo que hace que la disciplina (y todos los demás aspectos de la crianza) sea mucho más simple y gratificante.

Por supuesto dudo que me hubiese dado cuenta de esto si no fuera porque acababa de finalizar mi capacitación con la especialista infantil Magda Gerber.

Unos días después de la conferencia, me encontré con el amigo que me había invitado a ella y le di las gracias. Él alababa a Mary con entusiasmo: "Es fantástica. Nos ha ayudado tanto. Algo extraordinario que nos enseñó fue a *hablar* a nuestros hijos de tres años sobre nuestras expectativas así como te hablaría a ti... como le hablaríamos a cualquier otra persona".

"¡Me parece excelente!" respondí. "Magda Gerber nos enseña a hacer eso con los bebés". La expresión de mi amigo se congeló, parecía perplejo, como si me hubiese entendido mal. "¿Ah sí?" preguntó, con ojos que habían perdido toda expresión. Y luego ambos lo dejamos pasar. No parecía el momento para tratar de explicar.

Los bebés son personas sensibles y conscientes desde el momento en que nacen; están listos para comenzar una relación sincera y comunicativa con nosotros. A través de nuestra relación de respeto, los niños de todas las edades se disponen mucho mejor a escuchar y colaborar.

Por otro lado, tratar de *hacer* que las personas con las que nos relacionamos hagan lo que queremos que hagan casi nunca funciona más de una o dos veces, hace que no nos caigamos bien o no enseña nada (excepto tal vez desconfianza).

Actuar como el líder bondadoso que guía, inspira, demuestra, prepara y *ayuda* a su hijo a que se comporte de manera adecuada es la clave de la disciplina.

Redefina los buenos momentos: A mi manera de ver, los padres tienen que desempeñar dos papeles: un papel *divertido* y uno *profesional.* Cuando desempeñamos el papel divertido, disfrutamos de nuestros hijos, nos sentimos conectados, cariñosos y alegres. Es fácil darnos cuenta de que estos son buenos momentos.

Desempeñar el papel profesional no es tan entretenido, pero tampoco tiene que ser horroroso. Yo ruego a los padres con los que trabajo que vuelvan a imaginar los buenos momentos, de modo que incluyan las situaciones en las que enfrentamos tranquilos, pero seguros, la resistencia de nuestro hijo a irse a la cama; cuando evitamos con firmeza que el bebé le pegue al perro; o cuando apartamos con paciencia a nuestro hijo de situaciones en las que ha perdido todo el control para que pueda desahogarse de manera segura en nuestra presencia.

¿La pérdida del control y la imposición de límites son buenos momentos? ¡¿Qué?! Sé que parece contrario al sentido común, pero desde la perspectiva de nuestros hijos, estoy segura de que es verdad.

Las veces que debemos desempeñar el papel profesional quizá constituyan el tipo de buenos momentos más valiosos, ya que los niños necesitan nuestro liderazgo empático aún más que tenernos como compañeros de juego y sus más fervientes admiradores. Realmente creo que nuestros hijos se dan cuenta de lo difícil que es para nosotros desempeñar este papel con dignidad, y ponen a prueba los límites para ver si nos pueden hacer trastabillar.

Acoger la idea de que estos momentos profesionales también son buenos momentos es especialmente crucial para los padres que trabajan, que tienen varios niños o que (por la razón que fuese) no pueden pasar con sus hijos todo el tiempo que quisieran, sea esta su rutina normal o solo ese día en particular.

Claro que todos preferiríamos pasar con alegría el poco tiempo que tenemos para estar juntos, pero a menudo esa no es la dinámica que necesitan de nosotros nuestros hijos. Necesitan poder quejarse, resistir, dar fuertes pisotones en el piso, llorar y expresar sus sentimientos más sombríos con la seguridad de que tienen nuestra aceptación y reconocimiento. Necesitan saber que tienen un líder que los ayudará a cumplir las normas y obedecer los límites cuando se vea confrontado por sus "no"; y a quien ni su disgusto ni su disconformidad intimiden.

Necesitan padres que puedan ser líderes capaces (tan capaces que de hecho puedan hacerlo parecer fácil); que no solo vivan para divertirse, sino que el niño perciba que tienen en mente, en lo más profundo de su ser, lo mejor para él, su salud y su buen carácter.

Una de mis aspiraciones más grandes como educadora es generar cambios en nuestras percepciones de la disciplina y los límites; ayudar a transformar estos términos de negativos a positivos. Los límites y la disciplina, cuando se ofrecen de manera no punitiva y en un contexto de empatía y respeto, son dones de los que deberíamos estar orgullosos y una de las expresiones más altas del amor.

Una vez que se ha reconocido esto, estoy convencida de que tanto los padres como los niños tendrán muchas menos dificultades y se disfrutarán unos a otros mucho más.

26.

Deje que sus hijos
estén enfadados con usted

Siempre escribo desde mi experiencia propia, aunque rara vez soy la protagonista. En este caso, voy a contar una historia muy personal y, para ser franca, me parece un poco arriesgado compartirla; sin embargo es importante, así que correré el riesgo...

Tuve la mamá perfecta. Nos adorábamos y tuvimos una relación maravillosa hasta su muerte hace cuatro años y medio. Le encantaba reírse y hacer reír a los demás, y todos los que la conocían disfrutaban de su compañía: sus hijos y nietos más que todos. Su cariño y comprensión eran permanentes. Yo siempre sentí que estaba de mi lado y era mi más grande admiradora.

Sin embargo, mi mamá tenía un defecto: hablaba por teléfono. ¿Cómo *osaba* dejar de prestarnos atención durante esos diez o quince minutos? Ah, y a veces iba al baño y cerraba la puerta (¡qué desfachatez!). Por lo demás, mi mamá era absoluta e increíblemente perfecta, y yo siempre, siempre creeré eso.

Luego estaba yo. Recuerdo una niñez mayormente feliz; sin embargo, era evidente desde muy chica que me faltaba seguridad. Si bien tenía mucho a mi favor por fuera, no recuerdo jamás haberme sentido del todo cómoda conmigo misma, como sin duda lo hacen los niños con los que trabajo o mis propios hijos.

Hacia finales de la adolescencia, cuando mi carrera pública comenzaba a florecer, mis inseguridades cobraron fuerza. Parte de mi trabajo como actriz era parecer siempre alegre y "en escena", tanto en las fiestas como en los eventos publicitarios o en el estudio de filmación; logré manejar todo esto con relativa dignidad. Sin embargo, en el fondo me estaba muriendo. Era la década de los ochenta, así que por supuesto bebí y consumí drogas como tantos, lo cual me ayudó a sentir una especie de confianza falsa y un consuelo que nunca antes había sentido.

Me saltearé los detalles, pero basta con decir que a los 25 era una bomba de tiempo emocional. Cuando por fin me tranquilicé lo suficiente como para estudiar la situación y enfrentar mis miedos, me agobiaron los sentimientos que había estado evitando y escondiendo todos esos años. No estaba preparada para la ansiedad que ello implica o, en particular, el autodesprecio y la depresión, mucho menos los ataques de pánico. Estaba hecha un desastre y durante mucho tiempo lloré de la mañana a la noche. Lloré a mares... y, de hecho, creo que es esto lo que ayudó a curarme.

Después de unos años de trabajo intenso en mí misma, comencé el proceso bien lento de aceptarme y perdonarme.

¿Pero qué me pasaba para estar tan mal?

Toda esta experiencia me resulta especialmente extraña ahora que tengo una hija de 21 años que no podría ser más distinta de lo que yo era a su edad. Al igual que mis otros dos hijos, tiene los pies en el suelo, es capaz y segura de sí misma.

Entonces, una vez más, ¿a mí qué me pasaba?

Varios años más tarde tuve un indicio, y esto me trae de vuelta a mi madre. Para ese entonces yo estaba felizmente casada y con dos hijos. Durante la conversación diaria por teléfono con mi mamá, ella hizo un comentario (en broma, sin duda) con el cual no estuve del todo de acuerdo. Había una vieja broma en mi familia sobre que yo era inútil en la cocina. Desde luego, esto tenía una base real, había sido verdad durante la mayor parte de mi vida y yo siempre les seguí la corriente sin problemas.

No obstante, una vez que fui mamá cambié mucho. Me volví la persona responsable que tenía que ser. Había aprendido a cocinar para mí y mi familia. Sentía que ya no merecía la calificación de "patética en la cocina".

Entonces, si bien estoy segura de que ni siquiera levanté la voz (porque nunca le había levantado la voz a mi madre desde que tengo memoria), me había herido los sentimientos y me puse un poco defensiva: objeté a su comentario.

Me cortó. La volví a llamar pero no respondió. Intenté una y otra vez. Dejé mensajes, pero no quería hablar conmigo. Llevó cinco días, y durante esos cinco días mi ansiedad estaba por las nubes. No podía respirar. Me encontraba en un estado de pánico constante. Y aunque resulte extraño, en el fondo de mi ser yo *conocía* ese lugar… era familiar. No recuerdo cuándo o cómo, pero sabía que había sentido ese terror antes.

Al final mi mamá tomó mi llamada… y ninguna de las dos jamás mencionó lo que había sucedido. Yo estaba tan agradecida y aliviada de estar respirando otra vez que ni se me hubiese pasado por la cabeza decir algo que pudiera llegar a alejar a mi madre de mí.

Mi querida madre nunca me puso la mano encima, nunca me castigó ni gritó. Pero sin duda no podía manejar mis sentimientos. Como resultado, yo sentía que era mala por naturaleza e inadaptada por siquiera sentirlos.

Por eso, he hecho un esfuerzo especial por aceptar todas las emociones de mis hijos, especialmente el enfado... para hacerles saber que siempre está bien que ellos se enfurezcan conmigo. Yo no me iré a ningún lado.

He estado lejos de ser perfecta, pero la buena noticia es que con los niños *sí* recibimos puntos por intentar, especialmente si confrontamos y reparamos nuestros errores: "Perdón por haber perdido la paciencia".

Somos humanos, y nuestros hijos tienen una increíble capacidad de perdón.

27.

Un regalo que se olvida con facilidad

"Ay, Mamá, mírame un momento como si realmente me vieras".

— Thornton Wilder, *Nuestro pueblo*

Sé cuál es el regalo que más quieren los niños — todos lo queremos—, pero es difícil de recordar. Lo he llegado a olvidar durante días e incluso durante semanas. A veces es necesario que ocurra una situación desesperada para que lo recuerde.

Hace varios años, mi independiente hija de diez años pasó por una fase en la que no veía razón para bañarse. Pasaban días, y ella siempre tenía una excusa. Yo la dejaba en paz y luego me olvidaba. Finalmente, llegó el momento en que sabía que debía ponerme firme, pero no me decidía a demandarlo. El baño es algo que debemos anticipar como una experiencia placentera, no algo temido, rodeado de enojo y resentimiento.

Afortunadamente para mí, el Hada de los Buenos Padres me susurró las palabras mágicas de Magda Gerber: "Presta atención". Eso me recordó sus ideas sobre el "cuidado" de los bebés.

Magda guiaba a los padres para que ofrecieran atención completa al bebé durante las comidas, el cambio de pañal, el baño y la hora de acostarse. En lugar de tratar estas actividades como tareas desagradables y hacerlas a las apuradas, Magda nos enseñó a aprovechar los momentos íntimos juntos yendo más despacio e incluyendo al bebé en cada paso.

Cuando en lugar de hacerle esto o lo otro *al* bebé hacemos estas actividades *con* él, cultivamos una relación basada en la confianza y el respeto. Los intervalos diarios de atención exclusiva recargan a nuestros hijos, y les dan el apoyo que necesitan para pasar tiempo jugando de manera independiente.

Cuando el bebé crece, las oportunidades de cuidado no son tan definidas. Pueden presentarse de las siguientes maneras: quitar una astilla; poner maquillaje a una hija que va a un bar mitzvá; o recostarse al lado de un hijo a la hora de dormir mientras solloza por la crueldad de un amigo. Si bien mi hija era totalmente capaz de bañarse sola, valía la pena ver si necesitaba mi atención. Entonces le pregunté: "¿Quieres que te lave el pelo en la bañera?". "Bueno… sí", respondió sumisa. Bingo.

¿Prefiere estar todo el día cerca de un ser querido que se encuentra ocupado o tener toda la atención de ese ser querido por unos minutos?

Nuestros hijos necesitan verdadera atención más de lo que necesitan videojuegos, iPods y viajes a Disneylandia. La atención exclusiva es el eje que sostiene las relaciones. Me disculpo si sueno sentimental como una tarjeta de saludo, pero *los momentos simples, de verdadera unión, estemos alegres o tristes, son los que significan más.*

Entonces, ¿por qué es tan difícil recordarlo?

Hacia otro nivel de cuidado

De recién nacido, mi hijo tenía cólicos. Se despertaba varias veces por la noche y lloraba durante una hora o más hasta que lograba hacerlo dormir. Yo estaba hecha un desastre de lo agotada, y mis dos hijas estaban procesando la incorporación del nuevo miembro de la familia.

La de cuatro años manifestaba los cambios de humor esperados: adoraba a su hermano y me apoyaba a mí en un momento, luego se quejaba y lloraba al siguiente. Era evidente que estaba de duelo por la pérdida de su vida anterior, la vida sin un bebé que ocupaba la mayor parte del tiempo y la energía de mamá.

La de nueve años era un ángel perfecto, lo cual, si hubiese estado prestando atención, debería haber interpretado como una bandera roja gigante. No me exigía nada, se quitaba del camino y desaparecía de mi mapa. Loca de la alegría, yo pensaba: "Es lo bastante grande como para comprender la situación". Mi esposo y yo habíamos recibido muy buenos comentarios sobre ella en una reunión con la maestra previa al nacimiento del bebé. Siempre había sido una alumna excelente, pero tenía algunos momentos difíciles en casa. Los niños tienen tendencia a ofrecer a sus seres más cercanos (con quienes se sienten más seguros) el cumplido ambiguo de su peor comportamiento.

Unas semanas después de nacido el bebé recibimos una llamada de la maestra de nuestra hija de nueve años. Había comenzado a portarse mal en clase; le había contestado y sacado la lengua a la maestra auxiliar. Exhibir una actitud rebelde en la escuela no era nada propio de ella. Se me cayó el alma a los pies. Me di cuenta de que mi hija mayor no debía haberse sentido segura como para comportarse mal con su agobiada mamá. Entonces, en cambio, por primera vez en su vida, estaba mostrando lo peor de ella al mundo exterior.

Ese día, después de la escuela, nos quedamos en el coche hablando. Le pregunté sobre sus sentimientos, suplicándole que expresara el enojo, la tristeza, la pérdida, todos los pensamientos que debe haber sentido que no podía compartir conmigo. Le mencioné algunos sentimientos posibles, y le expliqué cómo todos ellos son normales y esperados. Ella no podía responder, más que diciendo bajito una o dos veces: "No sé".

Me entró desesperación por que respondiera. A esa altura yo estaba llorando, pero nada. Este diálogo en una sola dirección duró treinta o cuarenta minutos, aunque me parecieron horas. Estaba fuera de mí. Justo cuando estaba por resignarme y volver con ella a la casa, mi hija, normalmente firme, enérgica y segura de sí misma, habló en una vocecita dolida: "Préstame atención".

A partir de entonces hice un esfuerzo consciente por hacer saber a mi hija que podía manejar cualquier cosa que necesitara descargar conmigo. Me hacía huequitos de tiempo todos los días solo para ella. Cuando vio que no estaba demasiado agobiada como para compartir tanto sus lados positivos como los oscuros, su comportamiento en la escuela volvió a la normalidad. Sentí agradecimiento hacia la maestra (que, curiosamente, siempre ha sido la preferida de mi hija) por alertarnos de inmediato cuando notó un cambio de actitud.

En retrospectiva, considero esos momentos en los que se necesitó mi presencia maternal —ya sea por cuestiones grandes o pequeñas, importantes o triviales, alegres o desgarradoras— como los más preciosos de mi vida. Brindar verdadera atención siempre ha resultado ser un regalo para mí también.

28.

Creo que sé por qué gritas

"Encuentro que me vuelvo una de dos mamás cuando mis hijos están molestos. O soy Mary Poppins −cálida, cariñosa, paciente− o soy completamente intolerante y propensa a gritar o chillar".

− Una madre preocupada

Si gritas a tus hijos, no eres la única. De hecho, mi propia investigación empírica indica que gritar se ha vuelto una especie de epidemia entre los padres. Algunos hasta lo denominan "la nueva nalgada".

¿Por qué tantos padres dedicados, inteligentes e informados pierden el control?

Mi opinión es que los padres a menudo terminan gritando porque, de hecho, han tomado la muy *positiva* decisión de poner los límites a sus hijos con respeto en lugar de con castigos y manipulación. Estos padres hacen un gran esfuerzo por mantenerse tranquilos y cariñosos; no obstante, el comportamiento de sus hijos continúa poniendo a prueba los límites. Los padres se sienten cada vez más frustrados, incluso temerosos; sienten que han perdido todo el control y no tienen manera de contener a sus hijos.

¡Y no es de extrañar! Si yo intentara absorber todos los consejos vagos y contradictorios que he visto y oído sobre la disciplina, también estallaría de furia con regularidad. Tantas de estas ideas teóricas son cálidas, borrosas y a la vez seductoras; sin embargo, acarrean una cantidad espeluznante de *no* ("no castigue, no recompense, no controle, no utilice tiempo fuera o consecuencias, no utilice la palabra 'no', no espere obediencia, no sea autoritario, etc.") y muy poco en cuanto a herramientas prácticas.

Si has estado gritando, a continuación encontrarás algunas ideas para tomar en cuenta:

1. No te estás cuidando a ti misma. Un largo rato sumergida en una bañera tibia, así como una salida con amigos o tu pareja, siempre son una buena idea, pero lo que yo sugiero es mucho más básico y crucial: conoce tus límites y necesidades personales, y desde el comienzo muestra a tu hijo dónde está la raya. Sí, incluso a tu bebé.

Por ejemplo, en el contexto de una relación respetuosa (lo que significa percibir al bebé como una persona completa y comunicarse con él como tal), está bien que tu bebé llore por unos minutos mientras haces tu visita rutinaria al baño a lavarte los dientes. Dejas al bebé en un lugar seguro y cercado, le dices que te vas a ir y siempre reconoces sus sentimientos cuando vuelves.

Como respetas la necesidad de previsibilidad que tiene el bebé, haces que esta actividad sea una parte habitual del día juntos, así el bebé aprende a anticipar que te irás y volverás. Puede ser que igual se queje, lo cual es su derecho, pero tú le haces saber con un tono de confianza que lo oyes y aceptas su expresión de disgusto: "No querías que me fuera. Te molestó. Estoy de vuelta".

Si eres una persona sensible que no puede dormir profundamente con su bebé cerca, pero compartes la cama con él porque crees que debes hacerlo, *no te estás cuidando a ti misma.*

Si quieres que tu hijo deje de tomar el pecho o limitar cuánto toma una vez que cumplió los 12 meses, pero te sientes culpable, *no te estás cuidando a ti misma.*

Si necesitas ir a la cocina a hacer un café, pero tienes miedo de dejar al bebé quisquilloso o al pequeño que está gritando, *no te estás cuidando a ti misma.*

De hecho, si te sientes culpable de cualquier momento que dedicas a tus necesidades personales, *es probable que no te estés cuidando a ti misma.*

Todos renunciamos a gran parte de la vida por nuestros hijos, pero no es saludable para nosotros (y aún menos saludable para ellos) volvernos un padre o una madre sin ego, que descuida sus necesidades y prácticamente se borra de la relación. Necesitamos límites personales, y nuestros hijos necesitan que se los demostremos. Esto es lo que significa tener una relación sincera, auténtica y respetuosa, la que logrará que poner límites durante los años que van de la niñez hasta la adolescencia sea claro y simple. (Nótese que no dije "fácil", porque casi nunca lo es).

Un hecho que se desprende del ser padres: los bebés y los niños pequeños nunca nos darán permiso para ocuparnos de nuestras necesidades. Ningún niño pequeño dirá o dará a entender jamás "Ve y tómate un descanso, mamá, ¡te lo mereces!"; ni siquiera en el Día de la Madre. Más bien, todo lo contrario. Estos límites deben venir de *nosotros*, y nuestros hijos harán su trabajo mediante objeciones, rebeldías, exigencias y más exigencias; seguirán poniendo a prueba los límites hasta que se pongan en práctica de manera firme y coherente.

2. Has pasado el primer año del bebé distrayéndolo, apaciguándolo o manipulándolo de alguna otra manera en lugar de hablar con toda sinceridad sobre los límites. Me desilusiona cuando oigo afirmaciones como la siguiente por parte de algunos defensores de la disciplina no punitiva a quienes admiro: "La mala noticia es que a menudo los bebés quieren todo lo que ven. La buena es que por lo general se los puede distraer durante el primer año".

El bebé es una persona completa, lista para entablar una relación contigo de manera activa y franca desde el nacimiento. Cuando lo distraes, lo estás *evitando*: estás negando una conexión sincera para eludir los sentimientos de resistencia saludables de tu hijo.

El patrón que esto crea para ambos hará que te resulte mucho más difícil sentirte cómoda al sentar límites respetuosos más adelante. Este primer año de formación es el momento crucial para poner límites con respeto, porque es aquí cuando creamos lo que siempre será la esencia de la relación con nuestros hijos.

3. Te sientes responsable por las emociones de tu hijo. A continuación se describen las principales razones por las cuales los padres no sientan límites personales con sus hijos o usan herramientas manipuladoras como la distracción (todo lo cual a menudo conduce a gritos):

a) No creen que un bebé es en verdad una persona completa que comprende palabras y puede interactuar de manera sincera.

b) No pueden hacer las paces con la incomodidad que sienten en cuanto a las emociones de su hijo.

c) Perciben todos los llantos como algo que hay que evitar o solucionar, una "comunicación monótona" en lugar de un diálogo con distintos matices.

d) Se dejan llevar por la decepción, la tristeza, el enojo, etc. de su hijo en lugar de ser un pilar, de entender que expresarse es indispensable para la salud emocional de los niños.

Esta percepción nada sana de los niños y sus sentimientos impide el desarrollo de la resiliencia emocional, crea la necesidad de aún más límites durante los primeros años en que el niño empieza a caminar y andar solo, y te agotará cada vez que debas decir "no" o insistir en algo (lo cual ocurrirá con frecuencia).

En particular, la etapa que va entre alrededor de los 12 meses y los 3 años es un período de resistencia y de poner a prueba los límites. Tu hijo *necesita* comportarse así para individuarse de manera saludable. Si te sientes afligida o responsable por la montaña rusa de emociones diarias de tu niño, no querrás sentar límites sinceros, te cansarás y es probable que termines gritando… o llorando, lo cual tampoco es sano para tus hijos.

Repite conmigo: *Una vez que he satisfecho las necesidades básicas de mi hijo, mi única responsabilidad en cuanto a los sentimientos es aceptarlos y reconocerlos.*

4. Tus expectativas son irracionales. También es posible que grites porque tus expectativas son irreales.

Los niños son exploradores. Necesitan lugares seguros donde puedan moverse con libertad, experimentar, investigar. Pedir a un niño de dos años que no corra, salte o trepe es como decirle "no respires".

Genera y busca lugares donde los niños puedan jugar. No los expongas a materiales o aparatos que no puedan utilizar como quisieran; eso dará lugar a que te frustres y enfades cuando no obedecen.

Depende de nosotros evitar situaciones que nos agotarán la paciencia en lugar de quedar atrapados en una lucha por mantener la paz y hacer que las cosas funcionen.

5. Estás confundida sobre cómo sentar límites con cariño y respeto. Bienvenida al club. El capítulo 22 de este libro, "Los niños malos no existen: Disciplinar a los pequeños sin avergonzarlos", tiene muchas sugerencias.

6. Te involucras en luchas de voluntades sin necesidad. Para pelearse hacen falta dos personas; entonces, no participes. Tú no eres una amiga de tu hijo; eres su líder capaz. Por eso, en lugar de tomarte a pecho su comportamiento provocador, que es sano y adecuado para la edad, y terminar en esa situación de "¡ay, no!" que te lleva a gritar:

a) Mira a tu hijo a los ojos y pon un límite con seguridad: "Es hora de que te laves los dientes".

b) Ofrece una elección simple o la oportunidad para una decisión autónoma: "Si puedes venir ahora, tendremos tiempo para otro libro".

c) Reconoce los sentimientos de disconformidad de tu hijo (y deja que continúen todo el tiempo que sea necesario, mientras tú sigues reconociéndolos): "Ah, ya sé que te estás divirtiendo tanto con el perro y es difícil parar, pero ya es hora. ¡Qué lata! Estás muy molesta y decepcionada de que sea hora de irse a dormir. Sé cómo te sientes".

Por más que para la mayoría de nosotros esto vaya *completamente* en contra del sentido común, funciona. Cuanto más dispuesta estés a aceptar los sentimientos de tu hijo mientras mantienes con calma el límite, más fácil le resultará a él aflojar la resistencia y seguir adelante. ¿Cómo puede tu hijo seguir peleando cuando todo el tiempo estás de acuerdo con él? Esta "bandera blanca" de empatía en la crianza milagrosamente disolverá la tensión de ambos.

d) Si por la razón que fuera tu hijo aún no obedece, completa el proceso tomándole la mano (en sentido literal o figurado): "Te está costando venir arriba a lavarte los dientes, así que te voy a ayudar". Tranquila le tomas la mano, y luego puedes agregar: "Gracias por hacerme saber que necesitabas ayuda".

Esto, por cierto, es exactamente lo que hacía el niño. Y una vez que te hayas dado cuenta de que *todo* comportamiento resistente, impulsivo o inaceptable es en verdad solo un pedido torpe de ayuda, tal vez te resulte más fácil dejar de gritar por eso.

29.

Nunca es demasiado tarde para la crianza con respeto

Dado que la mayoría de los consejos que comparto se centran en los bebés, los niños pequeños y los de edad preescolar, los padres que tienen niños más grandes a menudo me hacen esta pregunta: "¿Es demasiado tarde?".

Mi respuesta, sin salvedades, es: "Nunca".

La siguiente pregunta es: "Estupendo, ¿y cómo empiezo?".

Para responder a esa pregunta comparto algunas pautas del enfoque Educaring (RIE) de Magda Gerber que me han seguido guiando en la crianza de mis propios hijos, que ahora tienen 21, 17 y 12:

Tener fe en la competencia de nuestros hijos: El principio fundamental de RIE es tener confianza básica en la competencia de un niño. La creencia de que nuestros hijos son personas capaces y completas tiene el efecto de profecía autocumplida, que fomenta una confianza tremenda en ellos mismos y la dinámica más sana que uno pueda imaginar entre padres e hijos.

Cuando empezamos a confiar, nuestros hijos tienen oportunidades para *demostrarnos* que son capaces de descifrar desafíos de la vida tales como caminar, hablar, trepar, entender cómo funcionan los juguetes, aprender a ir al baño, leer, las relaciones, los deberes y, con el tiempo, el envío de una solicitud de ingreso a la universidad, etc. Mediante estas luchas y logros autónomos nuestra confianza en sus capacidades crece, junto con su confianza en ellos mismos.

Por otro lado, si no creemos de verdad que nuestros hijos son capaces de arreglárselas con tareas adecuadas a su edad sin nuestra ayuda, o nos preocupamos de que la frustración, los errores, las decepciones o los fracasos los destrozarán, es posible que perpetuemos un ciclo de dependencia.

Por ejemplo, la necesidad de algunos adolescentes de que se les insista o empuje para hacer la tarea a menudo ha sido creada por padres que creen que los niños *necesitan* que ellos los atosiguen para hacerla. Cortar un ciclo así implica dar un paso atrás y largar el control, tener fe en que nuestro hijo podrá arreglárselas en situaciones adecuadas a su edad, y permitir que la cuestión de terminar la tarea se solucione donde corresponde: entre los niños y sus maestros.

Tener confianza básica a medida que los niños crecen significa intervenir lo menos posible:

a. Siempre que el niño tenga opciones deje que elija *él*: confíe en sus motivaciones de aprendizaje particulares en lugar de imponer las suyas.

b. Respete el proceso de desarrollo único de cada niño en lugar de centrarse en resultados, logros e indicadores del desarrollo.

c. Apoye al niño con tranquilidad en momentos de frustración, desilusión e incluso fracaso, para normalizar estas experiencias de vida difíciles pero sanas.

d. Deje que el niño lo haga a su manera, aun si usted cree que la suya es mejor.

Alentar la motivación intrínseca y el "proceso": Si se lo permitimos, los niños nos recordarán la importancia del *ahora* y transmitirán otros mensajes alentadores como los siguientes: menos es más; lo simple es lo mejor; antes no es mejor; la vida no es una carrera; el placer está en el viaje.

No obstante, en lugar de sentirse inspirados, muchos padres creen equivocadamente que es su trabajo ayudar a sus hijos a progresar; entonces, los estimulan, les enseñan, los envían a clases de enriquecimiento todos los días después del colegio, y colman sus fines de semana de actividades y eventos emocionantes. Quizá estos padres no se den cuenta de que en realidad los niños aprenden mejor cuando hacen menos cosas y tienen más tiempo para digerir, integrar y asimilar sus experiencias.

"... Pero el niño no quiere llegar a ningún lado; solo quiere caminar, y para ayudarlo de verdad el adulto debe seguirlo, y no esperar que el niño le siga el ritmo a él".
– Maria Montessori, *Education for a New World*
(Educar para un nuevo mundo)

¿Cómo distinguimos el estímulo suficiente del excesivo? Una vez más, la respuesta siempre será la *confianza*. Para criar niños apasionados, con motivación intrínseca, debemos alentarlos a escuchar la voz bajita que tienen dentro de ellos, la que solo ellos oyen y los padres pueden ahogar con facilidad. Comience con un ambiente hogareño estimulante y deje que el niño indique con claridad su necesidad de más. No elogie demasiado, de modo que la exploración y los logros de su hijo puedan seguir siendo una recompensa para él mismo.

Aceptar los sentimientos de los niños sin juzgar o apurarlos: Dejar que nuestros hijos expresen los sentimientos intensos es uno de nuestros desafíos más grandes, ya que a la mayoría de nosotros nuestros propios padres no nos animaron a hacerlo. Es probable que nos hayan dicho que nuestros ataques eran tontos o estaban mal, que nos apuráramos y ya nos sintiéramos mejor. A veces nos mandaban a otro lado o nos castigaban. Nuestros sentimientos incomodaban a todos, y recibimos el mensaje de que no eran bienvenidos.

Entonces, cuando nuestros hijos lloran, gritan o patalean porque tienen un berrinche, esto puede ser un desencadenante de las emociones que enterramos y, sin querer, trasladamos esa invalidación a nuestros hijos.

(Por cierto, esta es la única explicación que encuentro de la gran popularidad de los sitios de humor que se centran en niños pequeños que lloran. Al igual que las víctimas de abuso que se sienten obligadas a volverse agresoras, los seguidores de estos sitios parecen deleitarse en el poder que sienten cuando ponen en ridículo la vulnerabilidad de los niños pequeños).

La manera en que la mayoría de nosotros minimiza los sentimientos es mucho más sutil y cariñosa. Jamás queremos ver a nuestros hijos heridos o disgustados, por eso tratamos de tranquilizarlos asegurándoles que "no pasó nada", "estás bien" o "es solo un...". Sin embargo, estas respuestas también invalidan, puesto que cuando nuestros hijos están disgustados no se *sienten* bien, y nuestras palabras no pueden cambiar eso. Nuestras respuestas "consoladoras" son confusas, minimizadoras, enseñan a los niños a no confiar en sus sentimientos e incluso quizá a temerles.

Una cosa es segura en la vida: a nuestros hijos les van a herir los sentimientos. Mucho. Serán rechazados por amigos, no llegarán a formar parte del mejor equipo, perderán la discusión, les irá mal en una prueba y les romperán el corazón. Así es la vida. Y nos llevará hasta la última gota de esfuerzo cerrar la boca, mordernos la lengua, solo escuchar, asentir y reconocer: "Eso fue hiriente". Por supuesto que lo que en verdad queremos hacer es gritar: "¡No te merecían!", "¡La próxima vez te irá mejor!".

El mensaje más sano que podemos transmitir a nuestros hijos es que oiremos, aceptaremos y comprenderemos sus estados de ánimo más sombríos así como sus sentimientos más duros, aun cuando tengan que ver con nosotros. Promover un lazo estrecho y de por vida con nuestros hijos es así de simple.

30.

La madre que podría haber sido

Escucha a tus instintos... No pienses ni compliques demasiado las cosas... Todos los niños son distintos... A menudo oigo estas razones para no adoptar un determinado enfoque de crianza, y en general concuerdo. Sin embargo, me resulta difícil imaginar cómo hubiese criado a mis tres hijos sin el don de la claridad que recibí de Magda Gerber hace veinte años.

Los métodos RIE de Magda Gerber a mí no me surgían de modo natural y, sin embargo, sentía que eran lo correcto. Ella me ayudó a despejar mi confusión y centrarme en lo que más importa: los buenos momentos *de verdad* y el tipo de experiencias que adquirimos al relacionarnos con nuestro bebé como una persona completa desde el nacimiento.

Magda me dio herramientas para reconocer las perspectivas únicas de cada uno de mis hijos, lo cual me inspiró a confiar en su crecimiento y así permitirles desarrollarse como individuos, todos con una fuerte conciencia de sí mismos. Sus lecciones han dado lugar a una transformación total en cuanto a mi percepción de los bebés, los niños, la crianza y la vida misma. Veinte años más tarde, se ha vuelto imposible para mí imaginar el tipo de madre que hubiese sido sin ellas.

Hacia otro nivel de cuidado

También es duro recordar lo incómodo, a veces hasta doloroso, que fue aprender y ajustarme a nuevos modos de pensamiento y comportamiento, como recordar ir más despacio y hablarle al bebé aunque la creencia popular sea que no entiende.

Por todas esas razones y más, he apreciado mi correspondencia con Emilia Poprawa, de Polonia. Sus experiencias de aprendizaje a medida que aplica el enfoque Educaring de Magda son como un espejo de mi propio desarrollo, y tal vez el de miles de otros padres de todo el mundo.

Emilia me permitió compartir dos de sus cartas. La primera me recuerda la pasión que sentí como madre primeriza por "hacer las cosas bien":

Querida Janet:

Me siento muy entusiasmada con lo que estoy aprendiendo pero también un tanto abrumada. Quizá me encuentre en un estado de desequilibrio donde todas mis suposiciones previas sobre el desarrollo infantil se están desmoronando, de alguna manera, lo cual deja un espacio para que surja un nuevo paradigma. Sin duda no es fácil cambiar los viejos hábitos en favor de respuestas nuevas, más eficaces y compasivas.

Ir más despacio, estar presente y ser tierna de ninguna manera es tarea fácil. He intentado cultivar los principios de RIE en todos mis asuntos, pero a veces me siento atascada en mis viejos hábitos (cuando corro, me apuro, y avanzo por el día de manera mecánica). En lugar de transmitir un mensaje de tranquilidad, sensibilidad y paciencia, mis manos canalizan la ansiedad que siento, el actuar mecánico y el apuro que llevo... Mi madre era una cuidadora muy ansiosa; siempre apresurada y nunca presente de verdad. Sus manos eran bruscas, irritadas e impacientes. Veo su sombra en mí misma cuando cuido de mi hijo.

Debo recordarme que a menudo el cambio es un proceso doloroso y, como dijo el maestro Zen Shunryu Suzuki, "En la mente del principiante existen muchas posibilidades; en la del experto, solo unas pocas". Entonces, con el corazón y la mente abiertos y esperanzados, respiro hondo e intento nuevamente estar más presente y ser más cariñosa".

La carta siguiente de Emilia es una afirmación de los beneficios impagables de la filosofía de Magda. Es también un recordatorio para mí: no del tipo de madre que era, sino de la madre que podría haber sido.

Janet:

Ha pasado casi un año desde que di la bienvenida a mi hijo cuando vino al mundo. Ha pasado casi un año desde que di la bienvenida a RIE cuando llegó a mi vida como madre y cuidadora. Huelga decir que me siento agradecida y afortunada de tener una hoja de ruta de eficacia comprobada para criar a mi hijo.

Fórmula de eficacia comprobada:
amor milagroso + RIE = bebé seguro de sí mismo

No digo que las cosas siempre sean fáciles y magníficas. Hay muchos baches en el camino, en forma de luchas, frustraciones e incertidumbre, pero siempre he recuperado el equilibrio, aprendido de mis errores y seguido adelante. Si no me hubiese encontrado con RIE, sería esta madre:

- Haría todo lo posible para que mi hijo dejara de llorar, sin conocer la importancia de llorar o su significado.

- *Distraería, redirigiría o utilizaría otros medios para evitar que mi hijo sintiera cualquier tipo de frustración.*
- *Sentiría que mi obligación como madre es brindar a mi hijo entretenimiento continuo y enseñarle cómo funcionan las cosas.*
- *Lo apoyaría contra algo para que pudiera sentarse, lo ayudaría a caminar y le enseñaría cómo moverse.*
- *Me abalanzaría sobre él y lo levantaría sin siquiera pensar en avisarle lo que sucederá.*
- *Gastaría mucho dinero en los supuestos juguetes educativos.*
- *Vería a mi hijo como una personita incapaz.*
- *Me apresuraría al seguir las rutinas de cuidado para sacármelas de encima.*
- *No vería a mi hijo como un iniciador y explorador competente con ideas propias.*
- *Igual sería una madre amorosa y devota, pero más exhausta, agotada e indudablemente menos respetuosa.*

Te agradezco a ti y a toda la gente que trabaja con tanta diligencia para promover el enfoque Educaring. Sé que ha marcado una gran diferencia en la vida de muchas familias, ¡y causó un impacto inmenso en la mía!

Con cariño,
Emilia

Agradecimientos

A Mike, mi apuesto esposo, revisor de gran talento, editor, padre devoto junto conmigo y tanto más. Este libro fue tu idea y no podría haber sucedido sin tu entusiasmo, determinación y decisión.

A Magda Gerber, por transformar mi vida con tu sabiduría y espíritu. Así también a los hijos de Magda, Mayo, Daisy y Bence, por seguir honrándome con su enorme apoyo.

A Lisa Sunbury (RegardingBaby.org), por ser mi "otra mitad" en línea y pionera conjunta. No podría haber sobrevivido a todas las vicisitudes, los triunfos o los provocadores sin ti.

A la Junta Directiva de RIE, en particular a Carol Pinto, Polly Elam y Ruth Money, por su inspiración, asesoramiento y apoyo firme.

A los demás Asociados de RIE, sabios y apasionados, por su inspiración y colaboración.

A todos mis colegas, compañeros blogueros y entusiastas de la Educación de la Niñez Temprana (ECE) del mundo de Internet. Gracias por enseñarme y alentarme. Estoy especialmente agradecida a Deborah Stewart, de *Teach Preschool*, Tom Hobson (*Teacher Tom*), Deborah McNelis, de *Brain Insights*, Amanda Morgan, de *Not Just Cute*, y (una vez más) a Lisa Sunbury, por compartir mi trabajo cuando nadie más lo hacía.

A Charlotte, Madeline y Ben por hacer que mi corazón se llene de orgullo y gratitud todos los días.

Sería un honor para mí conocer gente tan extraordinaria como ustedes, y lo es muchísimo más haberlos criado. Gracias por enseñarme de qué se trata la vida, y por hacer que tanto yo como RIE quedemos increíblemente bien.

Lecturas recomendadas

Your Self-Confident Baby. Magda Gerber, Allison Johnson. Publicado por John Wiley & Sons, Inc. (1998).

Dear Parent – Caring for Infants with Respect. Magda Gerber. Publicado por Resources for Infant Educarers (2002).

Peaceful Babies – Contented Mothers. Dr. Emmi Pikler. Publicado por Medicine Press (1971).

Respecting Babies – A New Look at Magda Gerber's RIE Approach. Ruth Anne Hammond, M.A. Publicado por Zero to Three (2009).

Education for A New World. Maria Montessori. Publicado por Kalakshetra Publications (1969).

Endangered Minds. Jane M. Healy, Ph.D. Publicado por Touchstone (1990).

1,2,3... The Toddler Years. Irene Van der Zande. Publicado por The Toddler Center Press.

Siblings Without Rivalry. Adele Faber & Elaine Mazlish. Publicado por W.W. Norton & Co (2012).

How To Talk So Kids Will Listen & Listen So Kids Will Talk. Adele Faber & Elaine Mazlish. Publicado por Avon Books (1980).

Raising Your Spirited Child. Mary Sheedy Kurcinka. Publicado por HarperCollins (2012).

The Whole-Brained Child. Daniel J. Seigel, Tina Payne Bryson. Publicado por Bantam Books (2012).

Becoming The Parent You Want to Be. Laura Davis & Janis Keyser. Publicado por Broadway Books (1992).

Brain Rules For Babies. John Medina. Publicado por Pear Press (2014).

Calms – A Guide To Soothing Your Baby. Carrie Contey PhD & Debby Takikawa. Amazon.

Mind In The Making. Ellen Galinsky. Publicado por HarperCollins (2010).

"How Babies Think". Alison Gopnik. *Psychology* (July, 2010).

42311039R00106

Made in the USA
San Bernardino, CA
30 November 2016